2週間でネイティヴの脳&耳になる

KASAHARA'S QUICK ENGLISH

英語高速メソッド®
日常英会話集

CD3枚付

バートランゲージスクール 校長
笠原 禎一 MBA

Vol.1
第1週目

JN291322

新星出版社

はじめに

　本書（Vol.1 & Vol.2）は、日常生活を英語に置き換えた楽しいストーリーを、これまでたくさんの読者に支持されてきた**「笠原メソッド」を最大限に活用して**学習します。そして、英会話に必ず使われる**必須の700語以上の英単語・熟語、慣用表現のすべてを、2週間という短期間で、皆さんの脳に効率よくインプット**していきます。

　私の「高速メソッド®」シリーズの本は、すべて**目的別英語力**と、それ以上に**総合的な英語力が身につくように**構成されています。

　旅行英会話や電話英会話、レストランやショッピングの英会話などが身につく、拙著『英会話高速メソッド』（宝島社刊）、「TOEIC®テスト完全対策＋外国でビジネスをして生活をしていけるだけの英語力」が身につく、リスニングとリーディングの2冊の拙著『TOEIC®テスト高速メソッド』（いずれも宝島社刊）、「英語の総合力と語順」が身につく、拙著『英語高速メソッド』（新星出版社）など、それぞれの本を学習した読者から、英語の語順や必須のボキャブラリーなどが高速で身につくと大好評をいただき、おかげさまでベストセラーとなっております。

　本書は、全編を通して、日常生活に使われる実用的な英会話に絞ったストーリーで構成されています。場面設定は日本です。そのため皆さんは、「こんなとき、英語ではどう言うのだろう？」と日頃の生活を通して、英語を学んでいくことができます。**日本にいながら、あたかも英語圏で生活しているかのように、日本での日常生活を通して、海外生活を疑似体験できます。**すなわち、本書は、**日本での毎日の生活を英語漬けにする**ことができるのです。これは、本書の大きなメリットでしょう。

CDと本書（Vol.1 & Vol.2）を通して、収録されているボキャブラリーは、起床、朝の身支度から、オフィス、帰宅、電話、レストラン、買い物、郵便局、美容院、家計、掃除、洗濯、料理、食事、健康管理、病院、パーティー、おしゃれ、服装、レジャー、趣味、道案内、天気、ビジネスまで、すべて私達の日常生活によくある大切なテーマに基づいてリストアップされた英会話の最重要ボキャブラリーです。

　これらすべてを、**高速にあなたの脳にインプット**する「**笠原メソッド**」は、**英語を英語の語順で理解し、話せる能力を身につける**ための〈笠原訳〉と、最新のテクノロジーが可能にした「**200％から220％の高速リスニング技術**」を駆使して、作り上げられています。それによって、皆さんの脳と耳を「**ネイティヴスピーカーの脳と耳**」に作り上げていきます。

　このメソッドは、私自身の長年の英語教育の経験や海外での学習経験を元に考案したもので、**2002年にオーストラリアで特許として認定**されました。また、「高速メソッド®」は、**日本の特許庁により、商標登録**されています。

　このような特別なメソッドによって書かれた本書によって、皆さんが、英語力を飛躍的に高め、目標を達成していく一助になれれば、私にとって、このうえない喜びです。

バートランゲージスクール®校長　笠原 禎一　MBA

英語高速メソッド® 日常英会話集 Vol.1
目 次

はじめに 2

PART 1
セオリー編 13

笠原メソッドとは 14
笠原メソッドの3つの柱 20
実践（プラクティカル・トレーニング）編の学習の進め方 24
理論編 31

PART 2
実践（プラクティカル・トレーニング）編 33

PART 2の構成 34

第1日目
起床、オフィス、帰宅後

Story Listening　5ステップ・リスニング　40

○ ナレーション・Narration 40
　ジョーンズ一家について 40

- 起床・Wake-up 41
    - SKIT 1　寝坊した！ 41
    - SKIT 2　顔を洗います 42
    - SKIT 3　身支度をしないと 42

- オフィス・Office 43
    - SKIT 4　間に合った！ 43
    - SKIT 5　仕事を始めよう 45

- 帰宅後・After work 47
    - SKIT 6　ただいま 47
    - SKIT 7　食事を早く食べてもいい？ 47
    - SKIT 8　私が食器を洗いましょう 48

Vocabulary & Structure Building　重要ボキャブラリー＆重要構文　49

- ナレーション・Narration 49
- 起床・Wake-up 50
- オフィス・Office 53
- 帰宅後・After work 56

Speaking Lesson　4ステップ・スピーキング　58

- ナレーション・Narration 58
- 起床・Wake-up 58
- オフィス・Office 62
- 帰宅後・After work 66

■ **Check this out!** 70

第 2 日目
電話、レストラン、買い物

Story Listening　5ステップ・リスニング　76

○ 電話・Telephone 76
　　SKIT 1　佐藤さんをお願いします 76
　　SKIT 2　外出中で不在です 77
　　SKIT 3　伝言をお願いします 78
　　SKIT 4　番号が違いますよ 79

○ レストランで・At the restaurant 79
　　SKIT 5　注文はお決まりですか？ 79

○ 買い物・Shopping 81
　　SKIT 6　ただ見ているだけです 81
　　SKIT 7　セーターを見たいのですが 82

Vocabulary & Structure Building　重要ボキャブラリー＆重要構文　83

○ 電話・Telephone 83
○ レストランで・At the restaurant 88
○ 買い物・Shopping 90

Speaking Lesson　4ステップ・スピーキング　92

○ 電話・Telephone 92
○ レストランで・At the restaurant 94
○ 買い物・Shopping 96

■ Check this out! 98

英語高速メソッド® 日常英会話集 Vol.1 目次

第3日目
郵便局、美容院、家計

Story Listening　5ステップ・リスニング　100

- **郵便局で・At the post office** 100
  - SKIT 1　手紙を送りたいのですが 100
- **美容院で・At the hair salon** 102
  - SKIT 2　予約をしたいのですが 102
  - SKIT 3　パーマとカットで間違いありませんか？ 103
- **家計・Family budget** 104
  - SKIT 4　支出を切り詰める 104

Vocabulary & Structure Building　重要ボキャブラリー＆重要構文　106

- ○ 郵便局で・At the post office 106
- ○ 美容院で・At the hair salon 108
- ○ 家計・Family budget 109

Speaking Lesson　4ステップ・スピーキング　110

- ○ 郵便局で・At the post office 110
- ○ 美容院で・At the hair salon 112
- ○ 家計・Family budget 114

■ **Check this out!** 116

第4日目
掃除、洗濯

Story Listening　5ステップ・リスニング　118

○ **ナレーション・Narration** 118
　ジェームス、リサ、ジェフ、レックスについて 118

○ **掃除・Cleaning** 119
　SKIT 1　この部屋を片付けるべきだ 119
　SKIT 2　家を掃除しよう 120
　SKIT 3　オムツを替えないと 121
　SKIT 4　犬に餌をあげてくれない？ 122
　SKIT 5　すべて終了したね 122

○ **洗濯・Laundry** 123
　SKIT 6　洗濯をしよう 123
　SKIT 7　干すのを手伝って 124

Vocabulary & Structure Building　重要ボキャブラリー＆重要構文　126

○ ナレーション・Narration 126
○ 掃除・Cleaning 126
○ 洗濯・Laundry 132

Speaking Lesson　4ステップ・スピーキング　136

○ 掃除・Cleaning 136
○ 洗濯・Laundry 138

■ **Check this out!** 142

英語高速メソッド®　日常英会話集　Vol.1　目　次

第5日目
料理、食事の時間

Story Listening　5ステップ・リスニング　146

○ 料理・Cooking 146
    SKIT 1　サンドイッチを作る 146
    SKIT 2　夕食を作る 147
    SKIT 3　手伝ってもらえる？ 147
    SKIT 4　作り方を教えて？ 148

○ 食事の時間・Meal time 151
    SKIT 5　いただきます 151
    SKIT 6　おいしそう 152
    SKIT 7　少ししょっぱすぎない？ 152
    SKIT 8　ごちそうさまでした 153

Vocabulary & Structure Building　重要ボキャブラリー&重要構文　154

○ 料理・Cooking 154
○ 食事の時間・Meal time 160

Speaking Lesson　4ステップ・スピーキング　164

○ 料理・Cooking 164

■ **Check this out!** 174

第6日目
健康①（健康管理、定期健診）

Story Listening　5ステップ・リスニング　178

- 健康管理・Health care 178
  - SKIT 1　先日の健康診断は受けた？ 178

- 症状・Symptoms 180
  - SKIT 2　顔色が悪いよ 180

- 薬局で・At a pharmacy 182
  - SKIT 3　お勧めの薬は？ 182

- 快復・Get well 184
  - SKIT 4　早くよくなりますように 184

Vocabulary & Structure Building　重要ボキャブラリー＆重要構文　185

- 健康管理・Health care 185
- 症状・Symptoms 188
- 薬局で・At a pharmacy 190
- 快復・Get well 191

Speaking Lesson　4ステップ・スピーキング　192

- 健康管理・Health care 192
- 症状・Symptoms 196
- 快復・Get well 198

■ Check this out! 200

英語高速メソッド® 日常英会話集 Vol.1 目 次

第7日目
健康②（医者へ行く）

Story Listening　5ステップ・リスニング　204

- **予約・Appointment** 204
  - SKIT 1　予約しますか？ 204

- **問診・Medical examination by interview** 205
  - SKIT 2　熱はありますか？ 205

- **治療・Treatment** 207
  - SKIT 3　注射をしなくてはなりません 207

- **ケガ・Injury** 208
  - SKIT 4　左足を骨折した 208

Vocabulary & Structure Building　重要ボキャブラリー&重要構文　210

- 予約・Appointment 210
- 問診・Medical examination by interview 211
- 治療・Treatment 212
- ケガ・Injury 213

Speaking Lesson　4ステップ・スピーキング　214

- 予約・Appointment 214
- 問診・Medical examination by interview 216
- 治療・Treatment 218
- ケガ・Injury 222

■ **Check this out!** 224

英語高速メソッド® 日常英会話集 Vol.1 目 次

おわりに 225

COLUMN

ニックネーム（nicknames） 72
チップ（tips） 105
ピンチの友人を英語で救おう！ & 英語で言い訳！ 135
英語で謝る／許す／仲直りする 144
「鍋」について 159
日・米の音の聞こえ方！ 176
日本語ではOK、でも、英語では× 202
マスク 209

● 書籍制作
本文デザイン・DTP ：伊藤淳子
イラスト：ひらた・けろ（crapheadz graphix）
編集協力：(有) クラップス

● CD制作
CDナレーター：Lori Davis、Aaron Franco、Marie-Louise Ostler、Trenton Truitt、外所優子
CD作成協力：(有) 渋谷マトリクススタジオ、(有) クラップス
CDレコーディングスタジオ：(有) 渋谷マトリクススタジオ

PART 1
セオリー編

笠原メソッドで、
自由自在に英語を操る!

笠原メソッドとは

　「笠原メソッド」は、英語を英語の語順のまま理解し、話せる能力を身につけるための〈笠原訳〉と、最新のテクノロジーを駆使した高速リスニングで、皆さんの脳と耳を「ネイティヴスピーカーの脳と耳」に作り上げていきます。

笠原メソッドを
より効率よく実践するために！

○〈笠原訳〉とは

　英語のセグメントごとに日本語訳を挿入していく、まったく新しい方法が〈笠原訳〉です。
　この〈笠原訳〉によって、英語を日本語の語順に置き換えることなく、**英語の語順のまま、英語を聴き、話す力を自然に身につけていくことができます。**

　それでは、英語のセグメントごとに訳を挿入していく〈笠原訳〉が、実際どのような原理で成り立っているのかをわかりやすく説明していきましょう。
　たとえば、　私は昨日、表参道で、このワンピースを買いました　という日本語にまず注目してください。
　この文の語順を次のように入れ替えてみると、

① 私は ｜ 昨日 ｜ 表参道で ｜ このワンピースを ｜ 買いました ｜
② このワンピースを ｜ 私は ｜ 昨日 ｜ 表参道で ｜ 買いました ｜
③ 私は ｜ 買いました ｜ 昨日 ｜ 表参道で ｜ このワンピースを ｜
④ 昨日 ｜ 表参道で ｜ 私は ｜ このワンピースを ｜ 買いました ｜
⑤ 表参道で ｜ 昨日 ｜ 私は ｜ このワンピースを ｜ 買いました ｜
⑥ このワンピースを ｜ 買いました ｜ 私は ｜ 昨日 ｜ 表参道で ｜
⑦ 買いました ｜ このワンピースを ｜ 私は ｜ 昨日 ｜ 表参道で ｜
　　　　　　　　　：

どうでしょうか？　日本人である私達は、このようにいろいろと**語順を入れ替えても 100 パーセント意味がわかります**。そのままの語順で、元の語順に戻らなくても理解することができるのです。

では、英語の場合はどうでしょうか？
　上記の日本文を英語にすると "I bought this summer dress in Omote-Sando yesterday." ですが、よりわかりやすくするために、もっと簡単な **James loves Lucy.** という文を例にして、考えてみましょう。

　　　英語　　　　　　　　　　日本語の意味
① James loves Lucy ……「ジェームスは、ルーシーを愛している」
② Lucy loves James ……「ルーシーは、ジェームスを愛している」
　　　　　　　　　　　　　（まるで逆の意味！）
③ loves James Lucy ……文になっていません。
④ loves Lucy James ……文になっていません。

この例に見るように、「**英語では、語順を入れ替えると、意味を成さなくなるか、意味が違ってしまうことがほとんど**」なんです。

セオリー編　笠原メソッドで、自由自在に英語を操る！　● 15

ということは、
　①日本語は、語順を変えても、そのままの語順でわかる。
　②英語は、語順を変えると意味不明になる。

　なぜ、このようなことが起こるのでしょうか？
　それは、**日本語には「て・に・を・は」に代表される助詞がある**ので、語順が変わっても、「これは主語だな！」「これは目的語だな！」と私達は**瞬時に判断して、意味を理解していくことができる**からなんです。
　逆に、**英語には助詞がありません**。英語において「これは主語だな！」「これは目的語だな！」と私達が判断するのは、その単語がどこにあるかということからなんです。
　先ほどの例でも、"James"が文頭に来ていたときは［主語］、すなわち「ジェームス**は**」でしたし、"James"が動詞である"loves"の後に来たときには［目的語］、すなわち「ジェームス**を**」という意味になりました。このように英語では、**同じ単語で、何の変化がなくても、場所が違うだけで、文の中での役割が変わってしまう**のです。

　このような日本語と英語の特徴を考えると、英語を理解するのに、日本語の語順に置き換えて理解する必要がまったくない、ということがわかると思います。すなわち、「英語に〈笠原訳〉を挿入することによって、英語の語順のまま、英語を理解することができる」ということです。

　このような〈笠原訳〉を用いた**「笠原メソッド」で学習すると、日本語の語順に置き換えることなく、英語の語順のまま、英語を聴き取る力、話す力が自然と身についてくる**のです。
　また、英語の語順で、戻ることなく理解できるので、「笠原メソッド」の2倍速の高速再生でも、無理なく理解することが可能になるのです。逆に言えば、

〈笠原訳〉があるから、「高速再生」された英語が、簡単に理解できるのです。

こちらについては、ぜひ、本書の付属CDで、実際に体験してください！

○カティング・エッジ・テクノロジー＆高速リスニングで！

カティング・エッジ・テクノロジー（cutting edge technology）とは、「最新の技術」を意味します。

通常、高速で再生すると音声のピッチが上がってしまい、音声が「キュルキュル」となって、聴き取りにくくなってしまいます。これをアメリカ人たちは、chipmunk（シマリス）の声のようだと表現します。これを防いで、高速リスニングのよいところだけを引き出そうというのが、「笠原メソッド」で採用されている最新の高速再生技術です。この技術は、**トーンはそのまま、スピードだけ200％の速さという最新の高速再生技術**であります。

前述の〈笠原訳〉と、この最新の高速再生技術で、ノーマルスピードでも聴き取りが難しかった英語が、**200～220％の速さでも、英語の語順のまま聴き取れる**ようになります。

ところで、ここで言うカティング・エッジ・テクノロジーは、これだけではありません。

英語に限らず、速く聴くことには、大脳生理学的に言って、「**意味のある文章に高速で、脳についていかせることにより、脳の働きが活性化される**」という効果があります。

特に日本人にとって、英語は日本語と違い、ノーマルスピードで理解するのでさえ、脳をより多く回転させなくてはなりません。これを、本書の付属CDのように2倍の高速で聴くわけですから、脳はフル回転します。通常の学習のように、邪念が浮かぶ余裕などありません。したがって、**脳の集中力が極度**

に高められるのです。それに伴って、脳機能は活性化されます。

　ここで大切になるのが、「**意味のある文章**」です。「意味のある文章」でなければ、脳の働きは活性化しません。つまり、右耳から左耳に流して、聴くようではダメなのです。
　通常、英語は、ノーマルスピードでも速すぎて「意味のない文章」になってしまうという方も多いでしょう。しかし、〈笠原訳〉のついた2倍速の文章だったら大丈夫。これは、充分に理解できますので、2倍速でも「意味のある文章」になるのです。
　「笠原メソッド」の5ステップ・リスニングでは、〈笠原訳〉の入ったノーマルのスピードのステップがあります。1倍速、2倍速と順を追って学ぶため、どなたでも無理なく、**ノーマルスピードでも理解できなかった英語が、高速でも、簡単に理解できるようになります**。

　また、よく「早口の人は、頭がいい」と聞きますが、大脳生理学的に言っても、速く話す練習をすると脳の活性化が起こります。
　「笠原メソッド」の4ステップ・スピーキングでは、高速で〈笠原訳〉を聴いた後、「英語を即座に話す。または、思い浮かべる」というステップがあります。この**「英語を即座に話す。または、思い浮かべる」を実践することによって、脳を活性化させようという狙い**があるわけです。
　これによって、皆さんの脳は、今までの聴き取る受動学習から、口から発信する能動学習に高速でシフトします。つまり脳は、まったく逆の側面から、高速学習をさせられるわけです。この**4ステップ・スピーキングを経ることによって、脳は、受動と能動の両面から活性化されるわけです**。
　そして、この4ステップ・スピーキングは、なかなか英語が口から出てこない日本人にはうってつけの英語学習法であるということも付け加えておきます。

このように、活性化された脳は、「笠原メソッド」のCDに収録されているボキャブラリー、英文法を高速に覚えることができるだけでなく、英語の語順も自然にインプットしてしまいます。

　このメソッドは、私自身の長年の英語教育の経験や海外での学習経験をもとに考案したもので、私の著書を通して、大好評をいただいております。「笠原メソッド」は、2002年にオーストラリアで特許として認定されました。また「高速メソッド®」は、日本の特許庁により、商標登録されています。

　それでは次に、この「笠原メソッド」の具体的な学習方法、「5ステップ・リスニング」と「4ステップ・スピーキング」とは、どのようなものなのか見ていきましょう。

〈笠原訳〉
（英語の語順のまま理解する）

高速リスニング
（カティング・エッジ・テクノロジー）

ネイティヴの脳&耳になる

笠原メソッドの3つの柱

〈笠原訳〉＋「5ステップ・リスニング」＋「4ステップ・スピーキング」で、英会話力を徹底強化！

　使える英会話力を身につけるためには、「笠原メソッド」の「5ステップ・リスニング」で、ボキャブラリー、英語の語順などを高速にインプットし、その英語力を「4ステップ・スピーキング」で流暢な英語スピーキングに開花させていくことが大変重要です。
　それでは、まず簡単に「笠原メソッド」の概略を説明しましょう。
　このメソッドは、3つの大きな柱から成り立っています。

①笠原訳

　まず、1つ目は〈笠原訳〉です。これは前述した、英語を**英語の語順のまま**理解し話せるようになるための解釈法であり、このメソッドの基本です。〈笠原訳〉は従来の英語を1文ごとに訳していくやり方とは根本的に異なり、英語をセグメントごとに区切って、日本語訳を挿入していく以下のような新しい訳し方で、英語を英語の語順のままで理解することを可能にしています。

> I'll wear 私は着るつもりです the green sweater その緑色のセーターを you gave あなたがくれた me 私に for my birthday. 私の誕生日に ／

※〈笠原訳〉では、わかりやすくするため、1文の終了時に／で区切ります。

この〈笠原訳〉という、英語を英語の語順で理解するための日本語訳は、英語を前に戻らないで解釈する、つまり、**日本語の順番に並び替えないで理解する**ために必要不可欠な日本語訳です。

② 5ステップ・リスニング

　2つめの柱は、「5段階の高速リスニング」＝「5ステップ・リスニング」です。

　このリスニング法では、「英文」と「〈笠原訳〉を挿入したもの」を、**「通常のスピード」と「通常の約2倍の高速スピード」を組み合わせた5段階のリスニング**をします。

　「高速リスニング」を含めた5段階のリスニング・システムを実践することによって、「理論的にわかっている」というレベルをはるかに超える**「英語の瞬発力」が身についていきます**。つまり、英語を「日本語を介さずに自由自在に読み・書き・聴き・話す」ための実践力がついていくのです。

　それとともに、高速リスニングを実践することによって研ぎ澄まされた学習者の集中力が、そのときのボキャブラリー、英語の語順を効率よく身につけることを可能にします。「5ステップ・リスニング」は、これらすべてを、ただ**CDを聴くだけで身につけることができる**画期的な英語学習法なのです。

5ステップ・リスニング

1st Step ▶	「英文のみ」をノーマルスピードで聴く
2nd Step ▶	「英文＋〈笠原訳〉」をノーマルスピードで聴く
3rd Step ▶	「英文＋〈笠原訳〉」を高速スピードで聴く
4th Step ▶	「英文のみ」を高速スピードで聴く
5th Step ▶	「英文のみ」をノーマルスピードで聴く

③ 4ステップ・スピーキング

　3つ目の柱は、「4段階高速スピーキング」＝「4ステップ・スピーキング」です。「4ステップ・スピーキング」は、「5ステップ・リスニング」で身につけた英語力をスピーキング力向上に活かしていくメソッドです。

　「4ステップ・スピーキング」によって、頭の中にある言いたいことを英語にするときに、「何を文頭に持って来るべきか？　どのようにつなげていったらよいか？」といったことに脳が瞬時に反応できるようになります。すなわち、「4ステップ・スピーキング」を実践することによって、みなさんの頭の中に、英語を発話するための回路を構築することになるわけです。これを「笠原メソッド」では、**スピーキング回路**と呼んでいます。この「スピーキング回路」は、「5ステップ・リスニング」で身につけた英語力をスピーキング力に開花させます。

　この「4ステップ・スピーキング」は、ただ **CDを聴くだけで、学習者の脳の中に英語の「スピーキング回路」を構築**し、自由自在に英語を発話していく能力を身につけていくことを可能とするメソッドです。

4ステップ・スピーキング

1st Step ▶	日本文をノーマルスピードで聴き、その直後に英文を聴く
2nd Step ▶	「〈笠原訳〉＋英文」をノーマルスピードで聴く
3rd Step ▶	「〈笠原訳〉＋英文」を高速スピードで聴く
4th Step ▶	日本文をノーマルスピードで聴き、その直後に英文を聴く

　この「笠原メソッド」の英語上達のステップを段階別にわかりやすくチャートで表すと、次ページのようになります。

笠原メソッドの英語上達チャート

① 英語を日本語に訳して考えてしまう

② 英語を英語の語順で考える
英語を日本語の語順に置き換えなくても無理なく理解できる〈笠原訳〉という日本語訳を使う

③ 瞬時に英語に反応できる瞬発力を養うと同時に英語の構文力とボキャブラリーを効率よく身につける
「5段階高速リスニング（5ステップ・リスニング）」の実践で、身につける

④「スピーキング回路」を構築する
「4段階高速スピーキング（4ステップ・スピーキング）」で、頭の中に「スピーキング回路」を構築する

⑤ 英語力がスピーキングでも発揮される
「スピーキング回路」ができあがってくると「5段階高速リスニング（5ステップ・リスニング）」で身につけた英語力がスピーキングでもどんどん発揮されるようになる

　ここまでで、大まかな「笠原メソッドの概略」は、つかんでいただけたのではないかと思います。
　本書は、まず「習うより慣れろ！」を実践できるように、「笠原メソッド」の理論を細かいことまで理解していなくても、CDを聴けば、充分な学習効果が得られるように構成されています。

実践(プラクティカル・トレーニング)編の学習の進め方

それでは、本書とCDで学習していくときのポイントをまとめておきましょう。本書は以下の構成でできています。

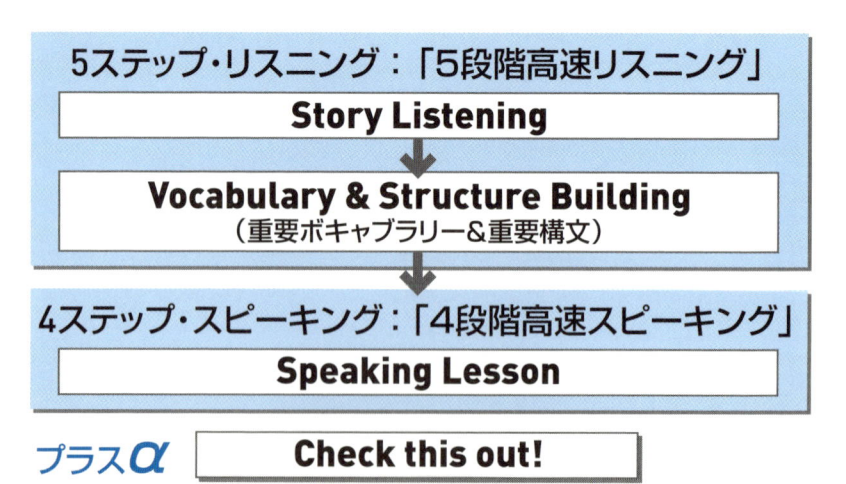

5ステップ・リスニング:「5段階高速リスニング」
- **Story Listening**
- **Vocabulary & Structure Building**
  (重要ボキャブラリー&重要構文)

4ステップ・スピーキング:「4段階高速スピーキング」
- **Speaking Lesson**

プラス*α*　**Check this out!**

Story Listening : 5 Step-Listening :「5ステップ・リスニング」

　本書には、日常英会話に大切な内容が、ストーリーの中にぎっしりと詰まっています。CDには、このストーリーのすべてが収録されています。〈笠原訳〉もしっかり入っていますので、今すぐCDを聴いて、「5ステップ・リスニング」を実践することができます。

「5ステップ・リスニング」実践のコツ

① まず、**CDを聴いて、「5ステップ・リスニング」を実践**します。聴いているだけで、皆さんの脳は活性化されます。また、英語の語順や重要事項が、高速で脳にインプットされていきます。初めは、**リスニングに集中し、本を見ないで実践**することがポイントです！

② 次に、「5ステップ・リスニング」を実践中、2ndステップと3rdステップの〈笠原訳〉の部分を利用して、**区切りごとに英語のセグメントをリピート**していきましょう。これによって、より一層、**英語の記憶が定着**しやすくなります。

③ 本書のストーリーを読んでください。可能なら、**英語の部分だけを音読**してみましょう。

④ リスニングで身につけた英語を、さらに理解するためUnit（第1日目〜第14日目）ごとに、**「Vocabulary & Structure Building（重要ボキャブラリー＆重要構文）」を読んで、確認**してください。

⑤ 再度、**CDを聴いて、「5ステップ・リスニング」を実践**します。**区切りごとに英語のセグメントをリピート**していきましょう。

⑥ Unit（第1日目〜第14日目）ごとに、「Vocabulary & Structure Building」のチェックボックスで、どの程度覚えているのかを確認しましょう。

　初めのうちはできるまで、根気強く繰り返しましょう。次第に、**英語の語順に慣れて**きますし、皆さんの**脳も活性化**されてきますので、どんどん身につけていくことができるでしょう。

Story Listening の使い方

「CD 2」はCDのナンバー（2枚目）を、「36」はトラック36を指しています。

〈笠原訳〉

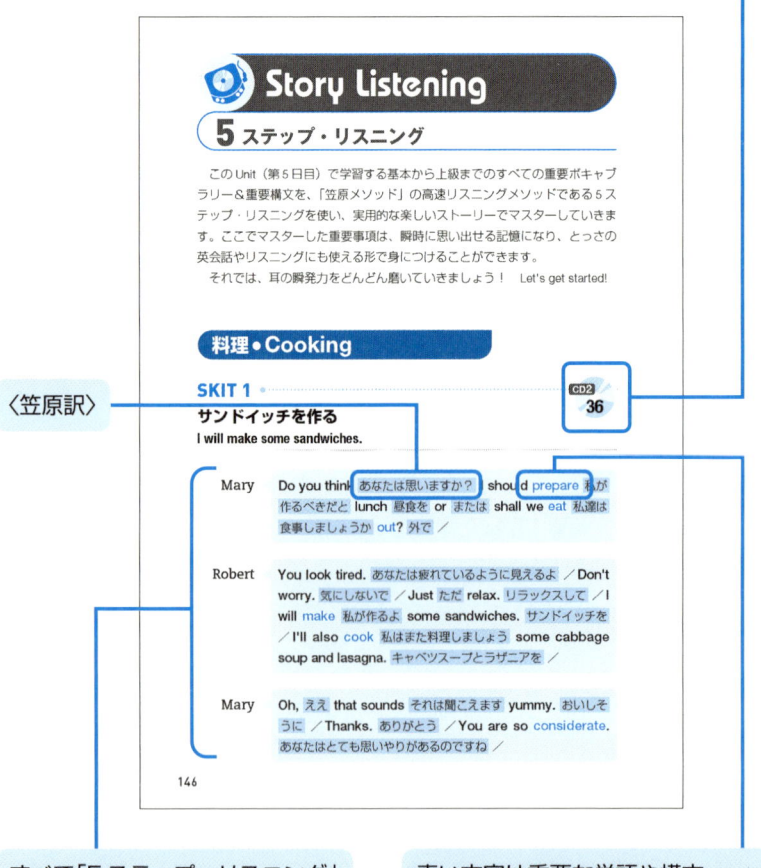

すべて「5ステップ・リスニング」でCDに収録されています。

青い文字は重要な単語や構文。「Vocabulary & Structure Building」で解説してあります。

Vocabulary & Structure Building の使い方

マスターしたものから、チェックを入れていきましょう。

「Story Listening」で、青い文字で強調された単語、もしくは構文です。

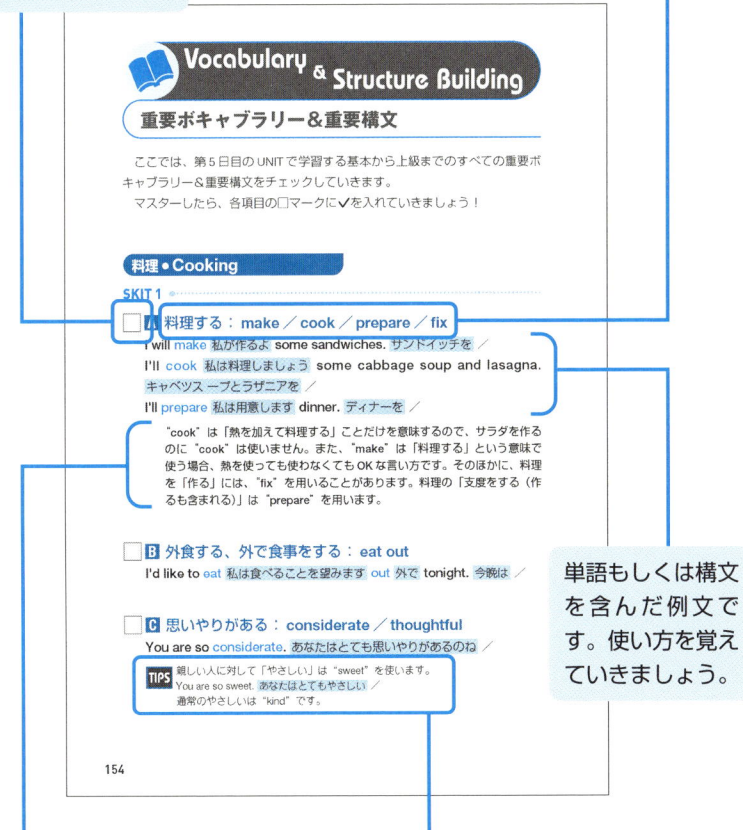

単語もしくは構文を含んだ例文です。使い方を覚えていきましょう。

単語、もしくは構文を理解するための解説です。似たような言い回しについても触れています。

文化的な習慣の違いやニュアンスの違いなどの、ちょっとしたヒントです。

セオリー編 笠原メソッドで、自由自在に英語を操る！

Speaking Lesson : 4 Step-Speaking :「4ステップ・スピーキング」

「5ステップ・リスニング」で、インプットした実用英会話の重要知識、英語の構文力を、みずからの力で発信できるようにするのが「4ステップ・スピーキング」です。

「4ステップ・スピーキング」実践のコツ

① まず、**CDを聴いて、「4ステップ・スピーキング」を実践**します。聴いているだけで、皆さんの脳は活性化されますので、初めは**CDに集中し、本を見ないで実践**することがポイントです！ 初めは発話しなくてもOKです。皆さんの**英語脳にスピーキング回路を構築し、英会話力を飛躍的に高めていきましょう！**

Speaking Lessonの使い方

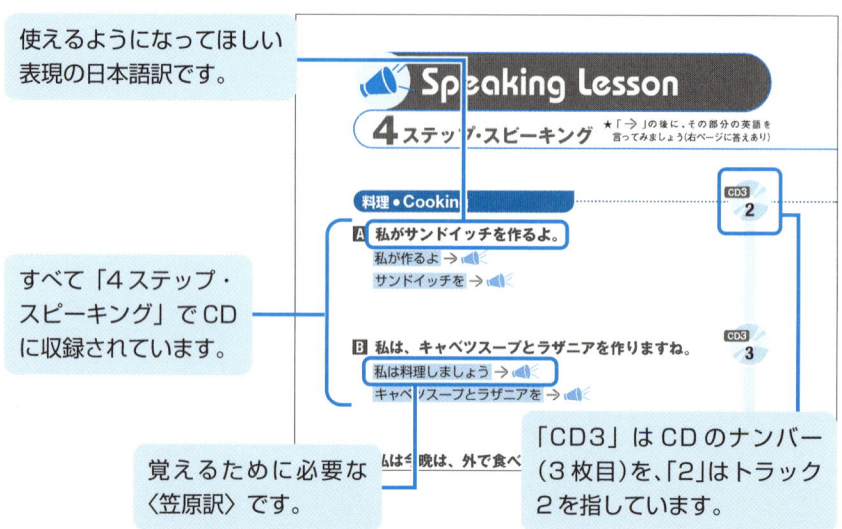

使えるようになってほしい表現の日本語訳です。

すべて「4ステップ・スピーキング」でCDに収録されています。

覚えるために必要な〈笠原訳〉です。

「CD3」はCDのナンバー（3枚目）を、「2」はトラック2を指しています。

② 次に、「4ステップ・スピーキング」を実践中、2ndステップと3rdステップの〈笠原訳〉を聴いたら、**セグメントごとに英語を発話**してみましょう。この段階では、センテンス全体のことではなく、ただ、**セグメントごとに英語にすることだけを考えましょう。**

このとき、難しいようであれば、本書を見ながら行ってください。本書は、左ページに日本語訳と笠原訳が、右ページにその解答を示すような構成になっています。

③ 今度は、1stステップと4thステップも日本語を聴いたら、英語にしてみてください。このとき、「**セグメントごとに言っていったら、センテンスになった**」という形が、ベスト！　区切りごとに言っていきましょう！

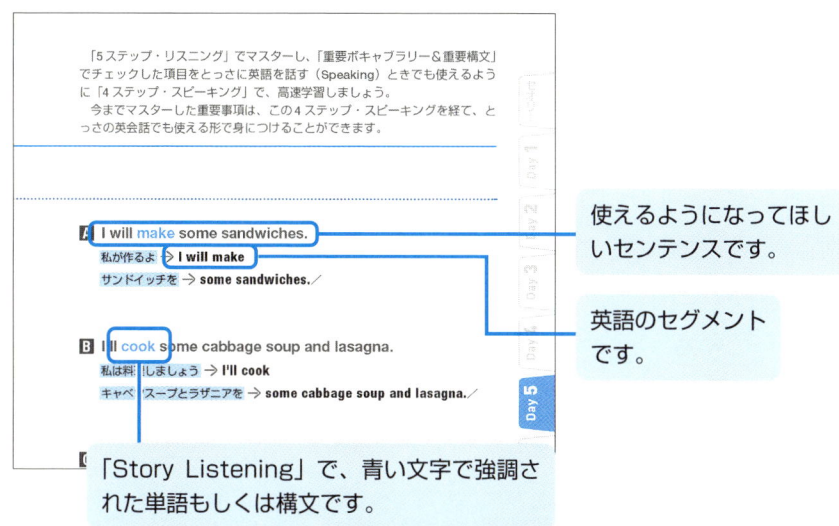

使えるようになってほしいセンテンスです。

英語のセグメントです。

「Story Listening」で、青い文字で強調された単語もしくは構文です。

セオリー編　笠原メソッドで、自由自在に英語を操る！

Check this out!

　ここでは、「Vocabulary & Structure Building（重要ボキャブラリー&重要構文）」で取り上げた重要なボキャブラリーや構文を再チェックします。
　左側の日本語、もしくは右側の英語のどちらかを隠して確認していきましょう！

Check this out! の使い方

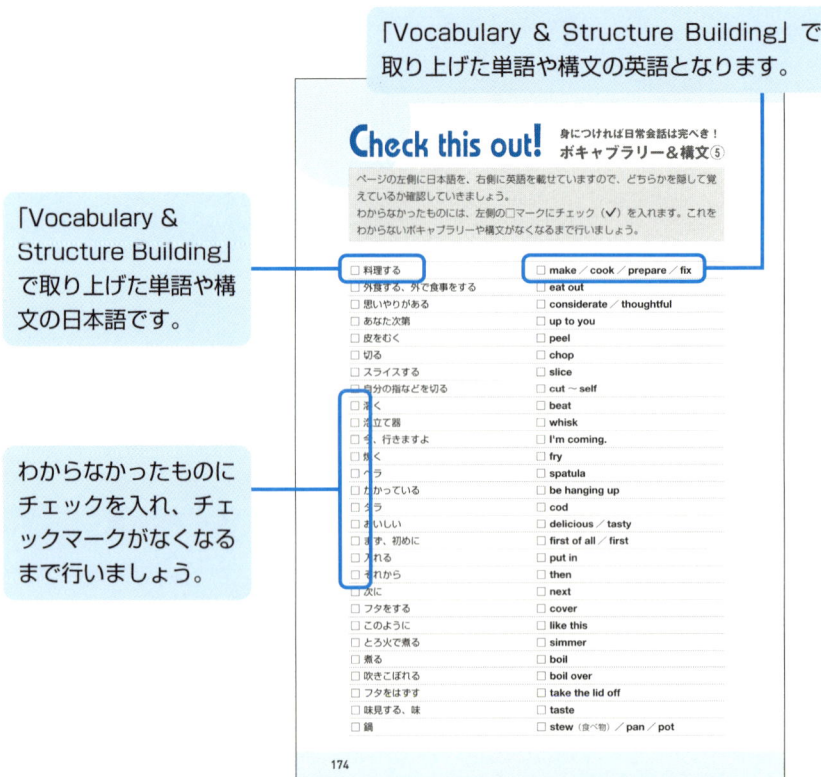

「Vocabulary & Structure Building」で取り上げた単語や構文の英語となります。

「Vocabulary & Structure Building」で取り上げた単語や構文の日本語です。

わからなかったものにチェックを入れ、チェックマークがなくなるまで行いましょう。

理論編

　「笠原メソッド」のさらに詳しい説明として、〈笠原訳〉をどのようにつけていくかについては、『英語高速メソッド』(新星出版社)の「セオリー編」に詳しく、わかりやすくまとめてあります。この『英語高速メソッド』の「セオリー編」は、知りたいところ、疑問に思ったところだけを読んでいただいても充分ですし、全体を通して読み、「笠原メソッド」を深く理解するのもよいでしょう。

　本書の学習を終了し、さらに独学で英語を学習する際に、「どのようにして〈笠原訳〉をつけていくことがベストなのか？」「高速のリスニング、高速のスピーキングがなぜ必要なのか？」などと考えるときに、この理論をひも解いてください。あなたの英語に対する理解がさらに深まっていくのを感じることができるでしょう。

　また、「〈笠原訳〉をどのように挿入していくか？」という理論をマスターできれば、どのような英語もネイティヴ・イングリッシュ・スピーカーのようにダイレクトに理解していくことができます。これこそ、英語を学習する者にとって、このうえない喜びのひとつではないでしょうか？

　これら、「笠原メソッド」の理論は、拙著『英会話高速メソッド』(宝島社)の巻末に載っている「笠原訳 QUICK INDEX」をお使いになれば、あなたの「笠原メソッド」で、知りたいこと、疑問に思っていることの答えが、すぐに検索できます。

　たとえば「関係代名詞の訳し方は？」などと思った場合、「か」行にある「関係代名詞」を引けば、その解説の掲載ページがわかるようになっています。

PART 2
実践（プラクティカル・トレーニング）編

さあ、実践してみよう！

PART 2 の構成

　本書では、ネイティヴ達が、日常どのような英語を話しているのかを通して、日常英会話ができるように学習していきます。
　そこで今回は、アメリカから日本に転勤で来ているロバートジョーンズ（Robert Jones）一家の日常生活を通して、ネイティヴの英会話を身につけていきます。
　PART 2は、彼らの生活を英語で体験しながら、日常英会話を「笠原メソッド」でマスターする実践編です。
　具体的には、以下の順に体験していきます。

Vol.1
- 第1日目 ▶「起床、オフィス、帰宅後」
- 第2日目 ▶「電話、レストラン、買い物」
- 第3日目 ▶「郵便局、美容院、家計」
- 第4日目 ▶「掃除、洗濯」
- 第5日目 ▶「料理、食事の時間」
- 第6日目 ▶「健康①（健康管理、定期健診）」
- 第7日目 ▶「健康②（医者へ行く）」

Vol.2
- 第8日目 ▶「パーティー、付き合い」
- 第9日目 ▶「おしゃれ、服装」
- 第10日目 ▶「余暇、趣味」
- 第11日目 ▶「街・道案内」
- 第12日目 ▶「天気①（冬・春・梅雨）」
- 第13日目 ▶「天気②（夏・秋）」
- 第14日目 ▶「職探し、業務、契約」

このVolume 1では、第1日目〜第7日目を体験しながら、日常英会話を覚えていきましょう！

おもな登場人物

【主人公】

ロバートジョーンズ
（Robert Jones）
日本のメディア制作会社
「ABCコンピューター」勤務

メアリー（Mary）
ロバートの妻

ジェームス（James）
高校生の息子

リサ（Lisa）
7歳の娘

ジェフ（Jeff）
2歳の息子

【ロバートの同僚】

リンダ
（Linda）

スーザン
（Susan）

レックス（Rex）
飼っている犬

実践編　さあ、実践してみよう！　●35

本書に付属している CD の説明を聴きながら、以下の文面を読んでみましょう。5段階高速リスニング（5 ステップ・リスニング）と 4 段階高速スピーキング（4 ステップ・スピーキング）が体験できます。

CD 冒頭挨拶英文

Hello, and thank you for listening to Kasahara's Quick English for everyday conversation. I'm the author, Yoshi Kasahara. Now, let us begin with our introductions.
The narrators are: Lori Davis, Aaron Franco, Marie-Louise Ostler, Trenton Truitt and Yuko Todokoro.
This audio program consists of "the 5 Step Listening Program" and "the 4 Step Speaking Program". Both of them, registered patents in Australia, are designed to improve your English very quickly. What's more, this book and the CDs have a lot of important things such as essential vocabulary, useful expressions and sentence structure.
I hope you'll improve your English very quickly and use it for the rest of your life!

 5 ステップ・リスニング

● **1st Step, 4th Step, 5th Step**

A   This is a really nice café. I like this atmosphere a lot. Do you come here often?

B   Not really. But I've wanted to come here for a long time. There was a café that my classmates and I used to go to when I was a university student back in the States. This place reminds me of it because it has a similar atmosphere.

A   So, this café brings back good memories. That's nice!

● **2nd Step, 3rd Step**

A　This is a really nice café. ここは本当にいいカフェです ／ I like 私は好きです this atmosphere この雰囲気が a lot. とっても ／ Do you come あなたは来るんですか？ here ここに often? よく ／

B　Not really. いいえ、そうでも ／ But でも I've wanted to come 私は来たかったです here ここに for a long time. 長い間 ／ There was そこにはありました a café カフェが that そしてそれに my classmates and I used to go to 私のクラスメイトと私はよく行きました when ときに I was a university student 私が大学生だった back in the States. アメリカで ／ This place reminds ここは思い出させてくれます me 私に of it それを because なぜなら it has それは持っています a similar atmosphere. 似ている雰囲気を ／

A　So, そうなの this café brings back このカフェは思い出させてくれるのね good memories. いい思い出を ／ That's nice! それっていいわね ／

4 ステップ・スピーキング

● 1st Step, 4th Step

■ 私は先週末に、革のビジネスバッグと財布を買いにそのお店に行きました。

■ I went to the store to buy a leather business bag and a wallet last weekend.

● 2nd Step, 3rd Step

私は行きました → I went

そのお店に → to the store

買うために → to buy

革製のビジネスバッグと財布を → a leather business bag and a wallet

先週末に → last weekend.／

第1日目
起床、オフィス、帰宅後

　今回は、ロバートとメアリーの典型的な週日の生活を体験していきましょう！

　今回取り上げるスィチュエーションは、起床、身支度といった出勤前の行動から、ロバートが出社してからの挨拶、スケジュールの打ち合わせといった職場での会話、そして、彼の帰宅後の入浴、食事などの体験までです。

　これらのストーリーの中には、それぞれの場面で用いられる日常生活に必要な英単語やフレーズが満載です。

　さあ、「笠原メソッド」で、日常生活に必要な英語力を身につけていきましょう！

Let's Get Started!

Story Listening

5 ステップ・リスニング

　このUnit（第1日目）で学習する基本から上級までのすべての重要ボキャブラリー＆重要構文を、「笠原メソッド」の高速リスニングメソッドである5ステップ・リスニングを使い、実用的で楽しいストーリーでマスターしていきます。ここでマスターした重要事項は、瞬時に思い出せる記憶になります。したがって、とっさの英会話やリスニングにも使える形で身につけることができます。

　5ステップ・リスニングを実践することによって、皆さんの耳の瞬発力（聴いたことを素早く認知する能力）は、どんどん磨かれていくことになります。

　さあ、Let's get started!

ナレーション・Narration

ジョーンズ一家について
About the Jones family

Mr. Robert Jones is working ロバートジョーンズ氏は働いています for a media production company. メディア制作会社に ／
Mrs. Mary Jones is his wife メアリージョーンズ夫人は彼の奥様です and そして a homemaker. 主婦です ／
Robert was transferred ロバートは転勤になりました to Japan 日本に last month. 先月 ／
These stories are これらのお話であります about a typical day 典型的な1日についての in their life. 彼らの生活の ／

起床 ● Wake-up

SKIT 1
寝坊した！
I overslept!

Robert　I overslept! 私は寝坊した ／ It's already seven thirty! 時刻はすでに7：30だ ／ I set 私はセットした the alarm その目覚まし時計を for seven 7時に last night, 昨晩 but しかし it didn't go off. それは鳴らなかった ／ Wake up, 起きなさい Mary! メアリー ／

Mary　I'm sleepy. 私は眠いわ ／ Let させて me 私に sleep 寝ることを for five more minutes. あともう5分間 ／ Rob, ロブ I think 私は思います the alarm is ringing 目覚まし時計が鳴っています now. 今 ／ Can't you hear あなたは聞こえないのですか？ it? それが ／ Would you turn off スイッチを切ってもらえますか？ the alarm clock, その目覚まし時計を please? お願いします ／ I didn't sleep 私は眠れませんでした well よくは last night. 昨晩 ／ Actually, 実は I couldn't fall asleep, 眠りに就くことができませんでした because なぜなら you were snoring あなたがいびきをかいていたからです all night. 一晩中 ／

TIPS　"Robert" のことを "Rob" や "Bob" というニックネームで呼ぶことがあります（72ページのコラム参照）。

SKIT 2
顔を洗います
I'll wash my face.

Robert　Did I keep you up 私はあなたを起こしていたのですか？ late 遅くまで last night? 昨晩／I'm sorry. ごめんなさい／OK,（まだ寝てても）いいよ in the meantime, とりあえず I'll brush 私は磨きましょう my teeth, 歯を wash 洗いましょう my face, 顔を comb とかしましょう my hair 私の髪の毛を and shave. そしてヒゲをそりましょう／Then それから I'll wake you up 私はあなたを起こしましょう again. もう一度／

SKIT 3
身支度をしないと
I have to get dressed.

Robert　Wake up, 起きなさい Mary! メアリー／It's time 時間です to get up! 起きるべき／I have to get dressed. 私は身支度をしないと／

Mary　All right! わかったわ／I've already gotten up. 私はもう起きてます／Good morning, おはよう Rob. ロブ／

Robert　Good morning, おはよう Mary. メアリー／

Mary　I'm going to cook 私は料理するつもりです breakfast 朝食を now. 今／

Robert　It's already eight. 時間はもうすでに８時だよ ／ I have to leave 私は出なくて はならない now. 今 ／ I don't have 私は持っていません time 時間を to have 食べる breakfast 朝食を today. 今日は ／

オフィス●Office

SKIT 4
CD1 7

間に合った！
I made it!

Robert　Oh, ああ I made it! 間に合った ／

Linda　You'd better punch in あなたはタイムカードに打刻しないと now. 今 ／

Robert　I think 私は思います I'm on time. 私は時間どおりだと ／

Linda　Not quite! 正確には違うわ ／ You are late あなたは遅れたわ again. また ／

Robert　I'm 私はいます only five minutes late. たった５分遅れで ／

次ページにつづく

Linda　You should be more punctual, あなたはもっと時間に正確であるべきだわ otherwise さもないと people won't trust 人々は信用しないわよ you. あなたを／You know, あのね Nancy was fired ナンシーは解雇されたわ because なぜなら she was late 彼女が遅れたから for a few important business meetings. ２〜３回の重要なビジネス会議に／

Robert　You're kidding! ウソでしょう／

Linda　I'm not kidding! 冗談ではないです／You'd better be careful! あなたも気をつけないとね／

Robert　I'm an ordinary office worker, 私は普通の事務職員です so だから I won't be able to get 得ることはできないでしょう a better job よりよい仕事を if もしも I'm fired. 私がクビになったら／

Linda　Anyway, とにかく how are you, ごきげんいかが？ Bob? ボブ／

Robert　I'm pretty good, まあまあ調子いいよ thank you. ありがとう／And yourself? そしてあなた自身は？／

Linda　I'm good too, 私も調子いいわ thank you. ありがとう／

SKIT 5

仕事を始めよう
Let's get started on our work.

Robert: Let's get started 始めましょう on our work 私達の仕事を for today. 今日の ／

Linda: Let させてください me 私に check チェックすることを my schedule. 私の予定を ／ I can't believe 私は信じられません I've got 私は持っています so much とてもたくさん to do するべきことが today. 今日 ／

Robert: Me too. 私もです ／ I'm pressed 私は追われています for time. 時間に ／ By the way, ところで Linda, リンダ don't worry. 心配しないで ／ The first job その最初の仕事は on your list あなたのリストの won't require 要求しません (→必要ありません) much effort. 多くの努力を ／ I don't think 私は思いません it will take それがかかるとは that much time! それほど多くの時間が ／

Linda: Well, まあ thank you ありがとう for the advice. そのアドヴァイスに ／ But, でも I want to be responsible 私は責任が持ちたいわ for something. 何かに ／ I know 私は知っているわ you are in charge あなたは担当だと of the new project. その新しいプロジェクトの ／ That's a big responsibility! それは大きな責任だわ ／ Lucky you! ラッキーだわ ／

次ページにつづく

Robert　Actually, 実は I'm finished 私は終わりました with the work. その仕事が ／

Linda　Oh, ええ really? 本当に？ ／ Already? もうすでに？ ／

Robert　Yeah, ああ that's why それだから I'm 私はいます here ここに to work 働くために on the flower shop project その花屋さんのプロジェクトに with you. あなたと ／

Linda　That's right. そうだわね ／ Oh, ああ it's time 時間だわ for the morning meeting. 午前中の会議の ／ Let's get going! 行きましょう ／

帰宅後・After work

SKIT 6
ただいま
I'm home.

Robert: Hi, ハイ I'm home. 家に着きましたよ ／ Is anyone 誰かいますか？ here? ここに ／

Mary: Hi. ハイ ／ You are back あなたは戻ったの already? すでに ／

Robert: Yeah, うん it's nice それはいいね to be back, 帰ってきて but でも I'm very tired. 私はとても疲れています ／ I'm exhausted. 私は大変疲れています ／ I was 私はいました in a very long meeting とても長い会議に today. 今日 ／

SKIT 7
食事を早く食べてもいい？
Can I have dinner earlier today?

Mary: I recommend 私はお勧めします that 次のことを you take a hot bath あなたが熱いお風呂に入ることを and そしたら you'll feel あなたは感じるでしょう refreshed. 回復した気分に ／

Robert: That sounds それは聞こえます like a good idea, いいアイデアのように but けれど can I have 私は食べてもいいですか？ dinner 夕食を earlier 早くに today? 今日／I skipped 私は抜いたから lunch 昼食を because なぜなら the meeting took そのミーティングはかかったから such a long time. とても長い時間／

Mary: Sure. いいですよ／I'll prepare 私は準備しますね it それを for you. あなたに／Do you want あなたはいりますか？ a snack 軽食が in the meantime? とりあえず／

Robert: No, いや that's OK. それは大丈夫です／

SKIT 8

私が食器を洗いましょう
I'll wash the dishes.

CD1 11

Robert: That was a wonderful dinner. それは素晴らしい夕食でした／Thank you ありがとう so much. 本当に／I'll clear 私が片付けます the table テーブル上を and そして wash 洗います the dishes. 食器を／

Mary: Don't worry. 心配しないで／I'll do the dishes. 私が皿洗いをします／You just help あなたはただ手伝ってください me 私が dry ふくのを (→ふいて乾かすのを) them. それらを／

Vocabulary & Structure Building

重要ボキャブラリー&重要構文

　ここでは、第1日目のUNITで学習する基本から上級までのすべての重要ボキャブラリー&重要構文をチェックしていきます。
　マスターしたら、各項目の□マークに✓を入れていきましょう！

ナレーション・Narration

□ **A** ～に働く： **work for**
Mr. Robert Jones is working ロバートジョーンズ氏は働いています for a media production company. メディア制作会社に ／

□ **B** 主婦： **homemaker ／ housewife**
Mrs. Mary Jones is his wife メアリージョーンズ夫人は彼の奥様です and そして a homemaker. 主婦です ／

> **TIPS**　「主婦」という言い方には、"homemaker" と "housewife" という二通りがあります。"housewife" には、読んで字のごとく家の中にいる奥さんというニュアンスがあります。一方 "homemaker" という言葉は、「家庭を切り盛りする人」という意味を含んでいますので、最近は、"homemaker" のほうがよく使われます。

□ **C** 転勤になる： **be transferred**
Robert was transferred ロバートは転勤になりました to Japan 日本に last month. 先月 ／

□ **D** 典型的な： **typical**
It's それはあります a typical Japanese dinner. 典型的な日本の夕食で ／

第1日目　起床、オフィス、帰宅後　49

起床・Wake-up

SKIT 1

☐ **A** 寝坊する： **oversleep**
　I overslept! 私は寝坊した ／

☐ **B** 目覚ましをセットする： **set the alarm**
　I set 私はセットした the alarm その目覚まし時計を for seven 7時に last night. 昨晩 ／

☐ **C** （目覚まし時計や警報機などが）鳴る： **go off**
　The alarm didn't go off. その目覚まし時計は鳴らなかった ／

☐ **D** 起きる： **wake up**
　Wake up, 起きなさい Mary! メアリー ／

☐ **E** 眠い： **sleepy**
　I'm sleepy. 私は眠いわ ／

☐ **F** 眠る： **sleep**
　I slept 私は眠りました during the class. そのクラスの間 ／
　I didn't sleep 私は眠れませんでした well よくは last night. 昨晩 ／
　　"sleep" の過去形、過去分詞形は、"slept" です。

☐ **G** 鳴る： **ring**
　The alarm is ringing 目覚まし時計が鳴っています now. 今 ／

☐ H スイッチを切る：turn off

Would you turn off スイッチを切ってもらえますか？ the alarm clock, その目覚まし時計を please? お願いします ／

> "turn off（スイッチを切る）" の反対語である「スイッチを入れる」は、"turn on" です。

☐ I 眠りに就く：fall asleep
☐ J いびきをかく：snore

I couldn't fall asleep, 眠りに就くことができませんでした because なぜなら you were snoring あなたがいびきをかいていたからです last night. 昨晩 ／

SKIT 2

☐ A ～を遅くまで起こしておく：keep ～ up late

Did I keep you up 私はあなたを起こしていたのですか？ late 遅くまで last night? 昨晩 ／ I'm sorry. ごめんなさい ／

> 関連表現の "stay up late（夜更かしをする）" の用例をいくつか紹介しましょう。
> I had to stay up late 私は夜更かしをしなくてはならなかった to finish 終わらせるために the report そのレポートを for work. 仕事のために ／
> Our daughter asked 私達の娘は尋ねた if もしも she could stay up late 彼女が夜更けできるのかを tonight 今晩 to watch 観るために a movie 映画を on T.V. テレビで ／
> Our daughter wants to stay up late 私達の娘は夜更かしをしたがっている tonight 今晩 to watch 観るために a sci-fi movie SF映画を on channel eight. 8チャンネルで ／
> 上記のアンダーラインの部分からわかるように、"stay up late" は、「みずからの意思で、夜更かしをする」という意味の表現です。

- [ ] **B** とりあえず：in the meantime
- [ ] **C** 磨く、ブラシをかける：brush
- [ ] **D** 洗う：wash
- [ ] **E** とかす：comb
- [ ] **F** ヒゲをそる：shave

In the meantime, とりあえず I'll brush 私は磨きましょう my teeth, 歯を wash 洗いましょう my face, 顔を comb とかしましょう my hair 私の髪の毛を and shave. そしてヒゲをそりましょう ／

> 3つ以上の事柄を列記するときには、上記のアンダーラインのように最後に入る事柄の直前に"and"をつけます。

- [ ] **G** ～を起こす：wake ～ up

I'll wake you up 私はあなたを起こしましょう again. もう一度 ／

SKIT 3

- [ ] **A** ～する時間ですよ：It's time to ～
- [ ] **B** 身支度をする：get dressed

It's time 時間です to get up! 起きるべき ／ I have to get dressed. 私は、身支度をしないと ／

- [ ] **C** 朝食を料理する：cook breakfast

I'm going to cook 私は料理するつもりです breakfast 朝食を now. 今 ／

> 「料理する」は、通常"cook"ですが、「サラダ（salad）」など火を使わないで作る場合、"cook"は使いません。"make"を使います。

☐ **D** 出る、出発する： leave
I have to leave 私は出なくてはならない now. 今 /

☐ **E** 食べる： have ／ eat
I don't have 私は持っていません time 時間を to have 食べる breakfast 朝食を today. 今日は /
　「食べる」は"eat"ですが、"have"もよく使います。

オフィス・Office

SKIT 4

☐ **A** 間に合う： make it
Oh, ああ I made it! 間に合った /

☐ **B** （タイムカードに）打刻する： punch in ／ clock in
You'd better punch in あなたはタイムカードに打刻しないと now. 今 /

☐ **C** 時間どおりで： on time
I think 私は思います I'm on time. 私は時間どおりだと /

☐ **D** 時間に正確で： punctual
☐ **E** 信用する： trust
You should be more punctual, あなたはもっと時間に正確であるべきだわ otherwise さもないと people won't trust 人々は信用しないわよ you. あなたを /

☐ F 解雇される： be fired

You know, あのね Nancy was fired ナンシーは解雇されたわ because なぜなら she was late 彼女が遅れたから for a few important business meetings. 2～3回の重要なビジネス会議に ／

☐ G からかっている： kidding

You're kidding! あなたはからかっているでしょう（→ うそでしょう）／

☐ H ～しなければなりません（さもないと）： had better ～

You'd better be careful! あなたも気をつけないとね ／

☐ I とにかく： anyway／anyhow

☐ J ごきげんいかがですか？： how are you?

☐ K よい、とてもよい： I'm fine／good／pretty good／great

Linda ： Anyway, とにかく how are you, ごきげんいかが？ Bob? ボブ ／

Robert： I'm pretty good, まあまあ調子いいよ thank you. ありがとう ／ And yourself? そしてあなた自身は？ ／

Linda ： I'm good too, 私も調子いいわ thank you. ありがとう ／

"how are you?" の応答のとき、日本の学校で一番広く使われているのが、"I'm fine.（私は元気です）" です。しかしこれは、ネイティヴからすると形式的でおもしろくないと思われがちな表現です。調子がよかったら "I'm good.（調子いいよ）"、それより少しよかったら "I'm pretty good."、「調子がとてもよい」なら "I'm very good."、「素晴らしく気分がよい」なら "I'm great." と言いましょう。

"I'm OK." と返答することも多くあります。この場合、"So-so" と同じように「まあまあだよ」という意味です。

SKIT 5

- [ ] **A** 確認させて： **let me check**
- [ ] **B** たくさんやることがある： **have got so much to do**
  Let させてください me 私に check チェックすることを my schedule. 私の予定を ／ I can't believe 私は信じられません I've got 私は持っています so much とてもたくさん to do するべきことが today. 今日 ／

- [ ] **C** 〜に追われている： **be pressed for 〜**
  I'm pressed 私は追われています for time. 時間に ／

- [ ] **D** ところで： **by the way**
- [ ] **E** 心配しないで： **don't worry**
  By the way, ところで Linda, リンダ don't worry. 心配しないで ／

- [ ] **F** 〜に責任がある： **be responsible for 〜**
  I want to be responsible 私は責任が持ちたいわ for something. 何かに ／

- [ ] **G** 〜の担当： **in charge of 〜**
  I'm in charge 私は担当です of the sales department. 販売部の ／

- [ ] **H** ラッキーだね： **lucky you ／ good for you ／ good on you**（英語）

帰宅後 ● After work

SKIT 6

A 家に帰ったよ：I'm home.

Hi, ハイ I'm home. 家に着きましたよ ／ Is anyone 誰かいますか？ here? ここに ／

> **TIPS** "I'm home." は、日本語の「ただいま」と近い意味がありますが、家に帰ったときに、家人が近くにいなかったり見当たらなかったりするときに「帰ったよ」と伝えるニュアンスを持つ表現です。

B とても疲れている：be tired ／ be exhausted

I'm very tired. 私はとても疲れています ／
I'm exhausted. 私は大変疲れています ／

SKIT 7

A 私は（主語）が〜するのを勧める：I recommend that 主語＋動詞の原形

I recommend 私はお勧めします that 次のことを you take a hot bath. あなたが熱いお風呂に入ることを ／

> 人に何かを勧めるときの動詞、"recommend" や "request" などのことを「サブジャンクティヴ動詞」と言います。これらの動詞は、動詞＋目的語＋不定詞という構文は使えません。ですから、"I recommend you to take a hot bath." という言い方は間違いになります。

B 〜（形容詞）に聞こえる：sound 〜
〜（名詞、名詞節など）のように聞こえる：sound like 〜

That sounds それは聞こえます great. 素晴らしく ／
That sounds それは聞こえます like a good idea. いいアイデアのように ／

☐ **C** 抜く、飛ばす： skip
I skipped 私は抜いた lunch. 昼食を ／

SKIT 8

☐ **A** テーブルを片付ける： clear the table
☐ **B** 皿を洗う： wash the dishes
☐ **C** 皿洗いをする： do the dishes（米語）／
do the washing-up（英語）

I'll clear 私が片付けます the table テーブル上を and そして wash 洗います the dishes. 食器を ／
I'll do the dishes. 私が皿洗いをします ／

> **TIPS** "do the dishes" は、"wash the dishes" とは違い、家事の一環としてのニュアンスがあります。この表現は、American English（米語）です。British English（英語）では、"do the washing-up" と言います。

☐ **D** 乾かす： dry
I'll dry 私は乾かします the dishes. その食器を ／

Speaking Lesson

4 ステップ・スピーキング
★「→」の後に、その部分の英語を言ってみましょう（右ページに答えあり）

ナレーション • Narration　　CD1 12

A ロバートジョーンズ氏は、メディア制作会社で働いています。

ロバートジョーンズ氏は働いています →
メディア制作会社に →

B メアリージョーンズ夫人は彼の奥様で、主婦です。　CD1 13

メアリージョーンズ夫人は彼の奥様です →
そして →
主婦です →

起床 • Wake-up　　CD1 14

A 私は昨晩、その目覚まし時計を7時にセットしたけれど、鳴らなかった。

私はセットした →
その目覚まし時計を →
7時に →
昨晩 →
しかし →
それは鳴らなかった →

「5ステップ・リスニング」でマスターし、「重要ボキャブラリー＆重要構文」でチェックした項目をとっさに英語を話す（Speaking）ときでも使えるように「4ステップ・スピーキング」で、高速学習しましょう。

今までマスターした重要事項は、この4ステップ・スピーキングを経て、とっさの英会話でも使える形で身につけることができます。

A Mr. Robert Jones is working for a media production company.

ロバートジョーンズ氏は働いています → **Mr. Robert Jones is working**
メディア制作会社に → **for a media production company.**／

B Mrs. Mary Jones is his wife and a homemaker.

メアリージョーンズ夫人は彼の奥様です → **Mrs. Mary Jones is his wife**
そして → **and**
主婦です → **a homemaker.**／

A I set the alarm for seven last night, but it didn't go off.

私はセットした → **I set**
その目覚まし時計を → **the alarm**
7時に → **for seven**
昨晩 → **last night,**
しかし → **but**
それは鳴らなかった → **it didn't go off.**／

第1日目　起床、オフィス、帰宅後

B 私は眠いわ。あともう5分間、寝させて。
- 私は眠いわ →
- させて →
- 私に →
- 寝ることを →
- あともう5分間 →

C とりあえず、私は歯を磨いて、顔を洗って、髪の毛をとかして、ヒゲをそりましょう。
- とりあえず →
- 私は磨きましょう →
- 歯を →
- 洗いましょう →
- 顔を →
- とかしましょう →
- 私の髪の毛を →
- そして →
- ヒゲをそりましょう →

D それからもう一度起こしますね。
- それから →
- 私はあなたを起こしましょう →
- もう一度 →

E 私は身支度をしなくては。
- 私は身支度をしなくては →

B I'm sleepy. Let me sleep for five more minutes.

私は眠いわ → I'm sleepy.
させて → Let
私に → me
寝ることを → sleep
あともう５分間 → for five more minutes.

C In the meantime, I'll brush my teeth, wash my face, comb my hair and shave.

とりあえず → In the meantime,
私は磨きましょう → I'll brush
歯を → my teeth,
洗いましょう → wash
顔を → my face,
とかしましょう → comb
私の髪の毛を → my hair
そして → and
ヒゲをそりましょう → shave.

D Then I'll wake you up again.

それから → Then
私はあなたを起こしましょう → I'll wake you up
もう一度 → again.

E I have to get dressed.

私は身支度をしなくては → I have to get dressed.

F 私は今、朝食を作りますね。
　私は料理するつもりです → 🔊
　朝食を → 🔊
　今 → 🔊

G 私は今、出かけなくてはならない。
　私は出なくてはならない → 🔊
　今 → 🔊

オフィス・Office

A あなたはもっと時間に正確にしないと、皆あなたのことを信用しなくなりますよ。
　あなたはもっと時間に正確であるべきだわ → 🔊
　さもないと → 🔊
　人々は信用しないわよ → 🔊
　あなたを → 🔊

B あのね、ナンシーは重要なビジネス会議に２～３回遅刻したので、解雇されました。
　あのね → 🔊
　ナンシーは解雇されたわ → 🔊
　なぜなら → 🔊
　彼女が遅れたから → 🔊
　２～３回の重要なビジネス会議に → 🔊

F I'm going to cook breakfast now.

私は料理するつもりです → **I'm going to cook**
朝食を → **breakfast**
今 → **now.** ／

G I have to leave now.

私は出なくてはならない → **I have to leave**
今 → **now.** ／

A You should be more punctual, otherwise people won't trust you.

あなたはもっと時間に正確であるべきだわ → **You should be more punctual,**
さもないと → **otherwise**
人々は信用しないわよ → **people won't trust**
あなたを → **you.** ／

B You know, Nancy was fired because she was late for a few important business meetings.

あのね → **You know,**
ナンシーは解雇されたわ → **Nancy was fired**
なぜなら → **because**
彼女が遅れたから → **she was late**
２〜３回の重要なビジネス会議に
　　→ **for a few important business meetings.** ／

第１日目　起床、オフィス、帰宅後　63

C 私の予定をチェックさせてください。信じられないわ、私はたくさんやることがあります。 【CD1 23】

させてください → 🔊
私に → 🔊
チェックすることを → 🔊
私の予定を → 🔊
私は信じられません → 🔊
私は持っています → 🔊
とてもたくさん → 🔊
するべきことが → 🔊
今日 → 🔊

D 私は時間に追われています。 【CD1 24】

私は追われています → 🔊
時間に → 🔊

E 私は何かに責任が持ちたいわ。 【CD1 25】

私は責任が持ちたいわ → 🔊
何かに → 🔊

F あなたは、その新しいプロジェクトの担当です。 【CD1 26】

あなたは担当です → 🔊
その新しいプロジェクトの → 🔊

C Let me check my schedule. I can't believe I've got so much to do today.

させてください → **Let**
私に → **me**
チェックすることを → **check**
私の予定を → **my schedule.**／
私は信じられません → **I can't believe**
私は持っています → **I've got**
とてもたくさん → **so much**
するべきことが → **to do**
今日 → **today.**／

D I'm pressed for time.

私は追われています → **I'm pressed for**
時間に → **time.**／

E I want to be responsible for something.

私は責任が持ちたいわ → **I want to be responsible**
何かに → **for something.**／

F You are in charge of the new project.

あなたは担当です → **You are in charge**
その新しいプロジェクトの → **of the new project.**／

帰宅後 • After work

A 私は大変疲れています。
　　私は大変疲れています →

B 私は、あなたが熱いお風呂に入ることをお勧めします。
　　私はお勧めします →
　　次のことを →
　　あなたが熱いお風呂に入ることを →

C それはよさそうなアイデアですね。
　　それは聞こえます →
　　いいアイデアのように →

D 私は昼食を抜きました。
　　私は抜きました →
　　昼食を →

E 私がテーブルを片付けて食器を洗います。
　　私が片付けます →
　　テーブル上を →
　　そして →
　　洗います →
　　食器を →

A I'm exhausted.
　私は大変疲れています → **I'm exhausted.**／

B I recommend that you take a hot bath.
　私はお勧めします → **I recommend**
　次のことを → **that**
　あなたが熱いお風呂に入ることを → **you take a hot bath.**／

C That sounds like a good idea.
　それは聞こえます → **That sounds**
　いいアイデアのように → **like a good idea.**／

D I skipped lunch.
　私は抜きました → **I skipped**
　昼食を → **lunch.**／

E I'll clear the table and wash the dishes.
　私が片付けます → **I'll clear**
　テーブル上を → **the table**
　そして → **and**
　洗います → **wash**
　食器を → **the dishes.**／

F ふだんは私が皿洗いをします。

私はふだんします → 🔊
皿洗いを → 🔊

G 食器をふいてもらえませんか？

乾かしてもらえませんか？ → 🔊
その食器を → 🔊

F I usually do the dishes.

私はふだんします → I usually do

皿洗いを → the dishes.／

G Will you dry the dishes?

乾かしてもらえませんか？ → Will you dry

その食器を → the dishes?／

Check this out!

身につければ日常会話は完ぺき！
ボキャブラリー&構文①

ページの左側に日本語を、右側に英語を載せていますので、どちらかを隠して覚えているか確認していきましょう。
わからなかったものには、左側の□マークにチェック（✓）を入れます。これをわからないボキャブラリーや構文がなくなるまで行いましょう。

☐ ～に働く		☐ work for
☐ 主婦		☐ homemaker ／ housewife
☐ 転勤になる		☐ be transferred
☐ 典型的な		☐ typical
☐ 寝坊する		☐ oversleep
☐ 目覚ましをセットする		☐ set the alarm
☐ （目覚まし時計や警報機などが）鳴る		☐ go off
☐ 起きる		☐ wake up
☐ 眠い		☐ sleepy
☐ 眠る		☐ sleep
☐ 鳴る		☐ ring
☐ スイッチを切る		☐ turn off
☐ 眠りに就く		☐ fall asleep
☐ いびきをかく		☐ snore
☐ ～を遅くまで起こしておく		☐ keep ～ up late
☐ とりあえず		☐ in the meantime
☐ 磨く、ブラシをかける		☐ brush
☐ 洗う		☐ wash
☐ とかす		☐ comb
☐ ヒゲをそる		☐ shave
☐ ～を起こす		☐ wake ～ up
☐ ～する時間ですよ		☐ It's time to ～
☐ 身支度をする		☐ get dressed
☐ 朝食を料理する		☐ cook breakfast
☐ 出る、出発する		☐ leave
☐ 食べる		☐ have ／ eat
☐ 間に合う		☐ make it
☐ （タイムカードに）打刻する		☐ punch in ／ clock in

☐ 時間どおりで	☐ on time
☐ 時間に正確で	☐ punctual
☐ 信用する	☐ trust
☐ 解雇される	☐ be fired
☐ からかっている	☐ kidding
☐ ～しなければなりません（さもないと）	☐ had better ～
☐ とにかく	☐ anyway／anyhow
☐ ごきげんいかがですか？	☐ how are you?
☐ よい、とてもよい	☐ I'm fine／good／pretty good／great
☐ 確認させて	☐ let me check
☐ たくさんやることがある	☐ have got so much to do
☐ ～に追われている	☐ be pressed for ～
☐ ところで	☐ by the way
☐ 心配しないで	☐ don't worry
☐ ～に責任がある	☐ be responsible for ～
☐ ～の担当	☐ in charge of ～
☐ ラッキーだね	☐ lucky you／good for you／good on you（英語）
☐ 家に帰ったよ	☐ I'm home.
☐ とても疲れている	☐ be tired／be exhausted
☐ 私は（主語）が～するのを勧める	☐ I recommend that 主語＋動詞の原形
☐ ～（形容詞）に聞こえる	☐ sound ～
☐ ～（名詞、名詞節など）のように聞こえる	☐ sound like ～
☐ 抜く、飛ばす	☐ skip
☐ テーブルを片付ける	☐ clear the table
☐ 皿を洗う	☐ wash the dishes
☐ 皿洗いをする	☐ do the dishes（米語）／do the washing-up（英語）
☐ 乾かす	☐ dry

第１日目　起床、オフィス、帰宅後

COLUMN

ニックネーム（nicknames）

　本書の主人公の「Robert」は、家では、奥さんの「Mary」から"Rob"と呼ばれ、会社では同僚達から"Bob"と呼ばれています。

　英語のニックネーム（nickname）は実にさまざまです。知り合った者同士が、一度ニックネームで呼ぶようになったら、それはずっとそうなります。

　また、英語圏では、相手の名前をどのように呼ぶかが、人間関係を表します。「Mr.」や「Mrs.」「Miss」「Ms.」をつけて名字（英語では、「family name」「last name」や「surname」とも言います）で、呼び合っている間は、親しいとは言えません。親しくなると、名前（英語では、「first name」「given name」と言います）で呼び合います。

　ちなみに、「Mr.」や「Mrs.」「Miss」「Ms.」は、名字を言う場合、もしくは、名前と名字を両方言う場合に使い、名前のみを呼ぶ場合にはつけません。

　そしてもっと親しくなると、ニックネームで呼ぶようになります。

　ニックネームには、いろいろな法則がありますが、必ず本人に確認してから使うようにすることがポイントです。私がアメリカで生活しているとき、「Benjamin」という友人がいました。彼は、"Please call me 'Ben'."と言っていましたので、"Ben"と呼んでいました。しばらくして、偶然、別の「Benjamin」という者に出会いました。そこで、"Can I call you 'Ben'?"と聞いたら、"No! I don't like 'Ben'. Please call me 'Benny'."と言われました。

　またある友人は、「William」という名前でしたが、"Call me 'Geoff'."と言っていました。これはさすがに、「何で？」と聞いたら、彼のミドルネーム（middle name）が、"Geoff"だからだと言うのです。「William」と来たら、ニックネームは通常"Bill"のはずですが、彼は"Bill"じゃ、ありふれているので"Geoff"と呼んでほしかったのです。

　このように、人によって呼ばれたいニックネームはさまざまですが、

おおまかなパターンを知っておくことは、友人達が噂話をしているときや、友人と親しくなったときに役に立ちますので、ここで少し例をあげてみましょう。

　「Amanda（女性）」という名前の人のほとんどは、ニックネームに"Mandy"と呼ばれたいと思っていますし、「James（男性）」は、多くの場合、"Jim"や"Jimmy""Jamie"と呼ばれています。

　「Elizabeth（女性）」は"Beth""Liz""Eliza""Betty"。「Jonathan（男性）」は、"John""Johnny"や"Jack"。僕の友人の「John」は、日本に来て、ファミリーレストランの「Jonathan's」を見て、「僕の店がある！」と言って喜んでいました。

　「Margaret（女性）」は、"Maggie""Meg""Peggy"や"Peg"。ハリウッドスターの「Meg Ryan」（メグライアン）が、"Margaret Ryan"だと思うと、ちょっと印象が変わりますね。

　「Patricia（女性）」は、"Pat""Patty"で、「Patrick（男性）」は"Pat"と言いますが、僕の友人の「Patrick」は、"Pat"は嫌だそうです。「Robert（男性）」は、"Robert""Bob""Bobby""Rob""Robin""Bert"。ちなみに、ハリウッドスターの「Robert De Niro」（ロバートデニーロ）は、インタビューなどで、よく"Bob"と呼ばれてます。

　「David（男性）」は、"Dave""Davy"。「Edward（男性）」も「Edmond（男性）」も、"Ed""Eddie""Ned""Ted""Teddy"といったように、さまざまです。

　さらに続けると、「Alexander（男性）」「Alexandra（女性）」はどちらも"Alex"。「Alfred（男性）」は、"Freddy"または、"Al"。「Andrew（男性）」は、"Andy"。「Anthony（男性）」は、"Tony"または、"Ant"と呼びます。

　「Barbara（女性）」は、"Bobbie"や"Barb"。「Arthur（男性）」は、"Arty"。「Charles（男性）」は、"Charlie"や"Chuck"です。「Christopher（男性）」や「Christine（女性）」の場合、"Chris"。「Daniel」は、"Dan"や"Danny"。「Francis（男性）」は、"Frank"や"Fran"となり、「Frances（女性）」は、"Fran"です。

「Catherine（女性）」は、"Cathy"。「Frederick（男性）」は、"Fred"や"Freddy"。「Jacob（男性）」は、"Jake"。「Deborah（女性）」は、"Debbie"と呼ばれます。「Jacqueline（女性）」の場合は、"Jackie"や"Jacqui"。「Laurence（男性）」は、"Larry"。「Nicholas（男性）」は、"Nick"です。「Samuel（男性）」や「Samantha（女性）」は、"Sam"。「Rebecca（女性）」は、"Becky"。「Cynthia（女性）」は、"Cindy"と言われるのが普通です。

「Stephan（男性）」は、"Steve"または、"Steven"。「Peter（男性）」は、"Pete"。「Phillip（男性）」は、"Phil"と言われます。「Michael（男性）」は、"Mike"または、"Mick"。「Thomas（男性）」は、"Tom"や"Tommy"。「Timothy（男性）」は、"Tim""Timmy"と呼ばれることが多くなっています。

「Terence（男性）」は、"Terry"。「Richard（男性）」は、"Rick"。「Jennifer（女性）」は、"Jenn"や"Jenny"。そして、「Susan（女性）」は、"Susie"または、"Sue"。「Sophia（女性）」は、"Sophie"です。

「Ronald（男性）」は、"Ron""Ronny"と呼ばれます。そう言えば、かつて、中曽根康弘元総理が、総理大臣だったとき、当時の米大統領のRonald Reagan（ロナルドレーガン）との親密さを「"Ron"、"康"と呼ぶようになった」とアピールしていたのを覚えている人も多いでしょう。

このように、ニックネームは、私達日本人には、複雑でわかりにくいですが、半面、おもしろいですね。

ちなみに、初めて紹介されるときに、「Mr.」「Mrs.」などの敬称と合わせて、「ニックネーム＋名字」で紹介されるときも、しばしばあります。本書のストーリー（Vol.2「第8日目」）にもありますが、"Mr. Rick Johnson"、これは、正式には、"Mr. Richard Johnson"ですよね。このように、英語圏では、ニックネームは、いろんな場面で多用されています。

第2日目

電話、レストラン、買い物

　今回は、ロバートの職場の電話、メアリーのデパートでのショッピング、そして、2人のレストランでの会話をストーリーを通して見ていきます。

　テレフォンカンバセーション（電話での会話）、レストラン、ショッピングをまとめて、「笠原メソッド」でマスターしていきましょう！　重要なボキャブラリーや言い回しがたくさん出てきます。

　まずは、5ステップ・リスニングで高速INPUTしていきましょう！

Story Listening

5 ステップ・リスニング

　このUnit（第2日目）で学習する基本から上級までのすべての重要ボキャブラリー＆重要構文を、「笠原メソッド」の高速リスニングメソッドである5ステップ・リスニングを使い、実用的な楽しいストーリーでマスターしていきます。ここでマスターした重要事項は、瞬時に思い出せる記憶になり、とっさの英会話やリスニングにも使える形で身につけることができます。

　それでは、耳の瞬発力をどんどん磨いていきましょう！　Let's get started!

電話・Telephone

SKIT 1

CD1　34

佐藤さんをお願いします
May I speak to Mr. Sato?

Robert	Hello. もしもし ／ May I speak お話してもよろしいですか？ to Mr. Sato 佐藤様と in public relations, 広報課の please? お願いします ／
Ms. Yamada	Certainly. かしこまりました ／ May I ask お伺いしてもよろしいですか？ who's calling? どなたがかけていらっしゃるかを ／
Robert	This is Robert Jones こちらはロバートジョーンズです from ABC Computers. ABCコンピューターの ／
Ms. Yamada	Thank you. ありがとうございます ／ Please お願いします hold そのままにしてください the line. 回線を ／

SKIT 2

外出中で不在です
He is out.

Ms. Yamada I'm afraid 恐れ入ります he's out 彼は外出しています at the moment. ただ今 ／

Robert When いつ is he coming 彼は来ますか？ back? 戻って ／

Ms. Yamada He'll be 彼はいるでしょう back 戻って in an hour. 1時間後に ／

Robert I'll call 私は電話をかけます back 折り返し in about an hour and a half およそ1時間半後に then. それでは ／

SKIT 3
伝言をお願いします
May I leave a message?

Ms. Yamada: I'm sorry, 申し訳ございません he is out. 彼は外出しています ／

Robert: May I leave 私は残してもいいですか？ a message? メッセージを ／

Ms. Yamada: Certainly. はい ／ Let me get 私に取らせてください a pen, ペンを please. お願いします ／
Go ahead. どうぞ ／

Robert: Could you ask お願いしていただけますか？ him 彼に to call 電話することを me 私に back? 折り返し ／ This is Robert Jones. こちらはロバートジョーンズです ／

Ms. Yamada: May I have 持ってもいいですか？ your number, あなたの番号を please? お願いします ／

Robert: Sure. はい ／ It's 03-1234-5678. それは、03-1234-5678 です ／

Ms. Yamada: I'll give 私は伝えておきます him 彼に the message. そのメッセージを ／

SKIT 4

番号が違いますよ
You have the wrong number.

Robert　May I speak お話してもよろしいですか？ to Mr. Sato, 佐藤様と please? お願いします ／

Lucy　I'm sorry, 申し訳ございません you have あなたは持っています the wrong number. 間違った番号を ／

レストランで • At the restaurant

SKIT 5

注文はお決まりですか？
May I take your order?

SKIT 5-A

Robert　May we have 持ってもいいですか？ some menus, メニューを please? お願いします ／

Waiter　Certainly. かしこまりました ／
Here you are. はいどうぞ ／
Are you ready 用意ができていますか？ to order? 注文をする ／

次ページにつづく

Mary   I'm sorry, 申し訳ありません we haven't decided 私達は決めていません yet. まだ ／

Waiter   That's fine. それは結構です ／ I'll come back 私は戻ってきますよ in a little while. 少し経ったら ／

SKIT 5-B

Waiter   May I take 取ってもいいですか？ your order? あなたの注文を ／

Robert   Yes. はい ／ I'll have 私はいただきます the sirloin steak. サーロインステーキを ／

Mary   And それと I'll have 私はいただきます the spaghetti スパゲティーを with clam sauce. クラムソースの ／

Waiter	Certainly. かしこまりました／How どのように would you like あなたはお望みですか？ your steak? あなたのステーキを／
Robert	Medium rare, ミディアム・レアを please. お願いします／
Waiter	Would you like あなたはお望みですか？ anything 何かを to drink? 飲むための／
Robert	Two teas, please. 紅茶を2人分、お願いします／
Waiter	Would you like あなたはお望みですか？ anything 何かを else? ほかに／
Mary	That's all. それですべてです／Thank you. ありがとう／

買い物・Shopping

SKIT 6

ただ見ているだけです
I'm just browsing.

Shop assistant (S.A.)	May I help 助けてもいいですか？ you? あなたを(→いらっしゃいませ)／
Mary	No, thank you. いいえ、結構です／I'm just browsing. 私はただ見ているだけです／

SKIT 7
セーターを見たいのですが
I'd like to look at some sweaters.

Shop assistant (S.A.): May I help お手伝いしてもいいですか？ you? あなたを ／

Mary: Yes, please. はい、お願いします ／ I'd like to look at 私は見たいのですが some women's sweaters. 婦人用のセーターを ／

S.A.: They're それらはあります over here. こちらに ／

Mary: Do you have あなた方は持っていますか？ anything 何かを in red? 赤い ／

S.A.: Yes, we do. はい、私達は持っています ／ How's this? これはどうですか？ ／

Mary: May I try 試着してもいいですか？ it on? それを ／

S.A.: Yes, of course. はい、もちろんです ／ The fitting rooms are 試着室はあります over there. そこの向こうに ／

Vocabulary & Structure Building

重要ボキャブラリー&重要構文

　ここでは、第2日目のUNITで学習する基本から上級までのすべての重要ボキャブラリー&重要構文をチェックしていきます。
　マスターしたら、各項目の□マークに✓を入れていきましょう！

電話 • Telephone

SKIT 1

□ **A** もしもし： **Hello**

「もしもし」は、英語では"hello"です。
それを"good morning（おはようございます：午前中）"や、"good afternoon（こんにちは：午後）"、"good evening（こんばんは：夕方以降）"などに置き換えると、さらに丁寧な言い方になります。

□ **B** ～様をお願いします： **May I speak to ～, please？**

「～様をお願いします」は、英語では、以下のように言います。

① **国際部の坂本様とお話してもよろしいですか？**
May I speak 私は、お話してもよろしいですか？ to Mr. Sakamoto 坂本様と in the overseas division, 国際部の please? お願いします ／

② **山本様とお話したいのですが。**
I'd like to speak 私は、お話したいのですが to Ms. Yamamoto. 山本様と ／

③ **ジョンソン様とお話させてください。**
Let me 私にさせてください speak 話すことを to Mr. Johnson, ジョンソン様と please. お願いします ／

④ ジョンソン様とお話できますか？

Can I speak 私は、お話することができますか？ to Mr. Johnson, ジョンソン様と please? お願いします ／

⑤ ピーターソン様は、いらっしゃいますか？ お願いします。

Is Ms. Peterson ピーターソン様は、いらっしゃいますか？ there, そこに please? お願いします ／

ビジネスの世界では、①、②の言い方が丁寧であり、一般的です。ほかに丁寧な言い方として、"May I ～?"の代わりに"Could I ～?"もよく使われます。

カジュアルな英会話では、"Is ～ there?"「～いますか？」と言ったりすることもよくあります。③～⑤は、比較的カジュアルな言い方なので、お友達向けの表現です。

C どちら様ですか？： Who's calling, please?

① Who's calling, どちら様がお電話をしていますか？ please? お願いします ／

② May I ask お伺いしてもよろしいですか？ who's calling? どなたがかけていらっしゃるか ／

日本では電話をかけたほうから名乗るのが一般的ですが、英語圏では、"This is Jackson, speaking.（こちらは、ジャクソンですが）"とかけた側から名乗る習慣があまりなく、"Hello. May I speak to ～?"と話し始めることが多いようです。そこで、日本の職場で英語で電話を受けたときは、特に「どちら様ですか？」「お名前をいただけますか？」と相手に聞かなくてはならないことが多いと思います。そうしないと取り次ぎできませんよね。

そこで、この表現が有効になってきます。間違っても、"Who are you?"とは聞かないでください。とても失礼（rude）で、攻撃的（offensive）な言い方です。

上の２つでは、"May I ～?"で始まる②がより丁寧な言い方です。

応答のしかたは、"This is ～.（こちらは～です）"を使って、"This is 自分の名前 from 会社名."となります。

☐ D （電話を切らずに）そのままお待ちください： hold the line

Please お願いします hold そのままにしてください the line. 回線を ／

"hold" はそのままの状態にしておくということ。すなわち "keep（保存）" しておくということです。この場合は、"the line（電話回線）" をこのままの状態にしておくということです。

SKIT 2

☐ A 恐れ入ります： I'm afraid ／ I'm sorry

☐ B 彼は外出中です： he's out

I'm afraid 恐れ入ります he's out. 彼は外出しています ／
I'm sorry, 申し訳ございません he is out. 彼は外出しています ／

☐ C ～後に： in ～

He'll be 彼はいるでしょう back 戻って in an hour. 1時間後に ／

TIPS "in" は、英語では重要なタイムマーカーのひとつです。「～後に」と言いたいときに、日本人は、"～ later" を使いたがります。たとえば、「2週間後に会いましょう」は、"See you in two weeks." が正解です。"See you two weeks later." とは言いませんので、要注意！

☐ D 後程かけ直します： I'll call back later.

① **後程かけ直します。**

I'll call 私は電話をかけます back 折り返し later. 後で ／

② **それでは、あと 1 時間半ぐらい経ってから、かけ直します。**

I'll call 私は電話をかけます back 折り返し in about an hour and a half およそ1時間半後に then. それでは ／

③ **4時半頃にかけ直します。**
I'll call 私は電話をかけます back 折り返し at about four thirty. 4時半頃に／

④ **30分後くらいにおかけ直しいただけますか？**
Could you call お電話をおかけいただけますか？ back 折り返し in about 30 minutes? 約30分後に／

SKIT 3

☐ **A 伝言をお願いできますか？： May I leave a message?**
May I leave 私は残してもいいですか？ a message? メッセージを／

☐ **B 何か伝言はございますか？： May I take a message?**
May I take 私は取ってもいいですか？ a message? 伝言を／

☐ **C 折り返しお電話いただけるようにお願いします： ask 〜 to call me back**

① **彼に折り返しお電話いただけるようにお伝えいただけますか？（→はい、伝えておきます）**
A： Could you ask お願いしていただけますか？ him 彼に to call 電話するように me 私に back? 折り返し／
B： OK. はい I'll tell 私は伝えます him. 彼に／

② **はい、彼に折り返しお電話させますので**
Certainly. はい／ I'll have 私はさせます him 彼に call 電話することを you あなたに back. 折り返し／

「はい、かしこまりました」は、"certainly" が最も適切です。そのほかには、"Yes, of course.（はい、もちろんですとも）" があります。"Sure" も意味としては合っていますが、ビジネスで使う場合、少しカジュアル（casual）すぎます。

D 番号をお願いできますか？： May I have your number, please?

① 番号をお願いできますか？
May I have 私は持てますか？ your number, あなたの番号を please? お願いします ／

② はい、それは、03-1234-5678 です。
Sure. はい ／ It's 03-1234-5678. それは、03-1234-5678 です ／

"Sure" の代わりに "Certainly" とか "Yes, of course" を使うほうがもっと丁寧です。

SKIT 4

A 番号が違いますよ： You have the wrong number.

I'm sorry, 申し訳ございません you have あなたは持っています the wrong number. 間違った番号を ／

レストランで ● At the restaurant

SKIT 5-A

☐ A ～をいただけますか？： May I have ～？／ May we have ～？

◎自分 1 人分の場合

May I have 私は持ってもいいですか？ a menu, メニューを please? お願いします ／

◎複数の人分の場合

May we have 私達は持ってもいいですか？ some menus, メニューを please? お願いします ／

> これらの表現はレストランで、メニューをもらうときの定石です。
> また"have"の代わりに"see"もよく使われます。
> May I see 私は見てもいいですか？ a menu? メニューを ／
> May we see 私達は見てもいいですか？ some menus? メニューを ／

☐ B ご注文はお決まりですか？： Are you ready to order?

Are you ready あなたは用意ができていますか？ to order? 注文をする ／
May I take 取ってもいいですか？ your order? あなたの注文を ／
Have you decided あなたはお決まりですか？ on your order? あなたの注文が ／

> 「ご注文はお決まりでしょうか？」は、この3つの表現を覚えておくといいでしょう。

SKIT 5-B

☐ A 私は〜をいただきます： I'll have 〜. ／ I'd like 〜.

レストランで食事を注文するときに、「私は〜をいただきます」は、"I'll have 私はいただきます 〜. 〜を ／"または、"I'd like 私は望みます 〜. 〜を ／"と言います。決まり文句ですので、覚えておくようにしてください。

もう少し丁寧に言いたいときには、"I'll have 〜."の代わりに、"Could I have 私はいただいてもよろしいですか？ 〜? 〜を ／"という表現を使う方法もあります。特にイギリスなどでは、そのほうが好まれます。

ちなみに、レストランではなく、ショッピングの場合、「それをください」は、"I'll take 私はいただきます it. それを ／"です。

☐ B ステーキの焼き加減はどのようにしますか？： How would you like your steak?

ステーキの焼き加減について英語ではもっと婉曲的に「あなたのステーキをどのようになさりたいですか？」と言います。"How would you like your steak?"と聞かれたら、
　① 「生焼き」がよければ、→ rare
　② 「半生焼き」がよければ、→ medium rare
　③ 「中ぐらい」のがよければ、→ medium
　④ 「よく焼いた」のがよければ、→ well-done

です。ちなみに「焦げ焦げ」は"burnt（burnの過去分詞形）"。ありえませんが「生」は"raw"です。ですから「刺身」は"raw fish"と言いますね。

買い物・Shopping

SKIT 6

A いらっしゃいませ：May I help you?

TIPS "May I help you?" の訳を「いらっしゃいませ」とだけ丸暗記していると本当の意味とは違ってきます。ですので、店員さん（shop assistant）の "May I help you?" を、"May I help お手伝いしてもいいですか？ you? あなたを ／" と解釈して、それが「いらっしゃいませ」という意味も含んでいると考えてください。

B ただ見ているだけです：I'm just browsing.／ I'm just looking.

TIPS "May I help you?" と聞かれて、「ああ、ただ『いらっしゃいませ』と言っているんだな」と日本にいるときのように無視してしまっては、店員さんがかわいそうです。言われたときに何かを買うつもりがないのなら、「ただ見ているだけです」"I'm just browsing. 私はただ見ているだけです ／" または、"I'm just looking. 私はただ見ているだけです ／" と言ってください。

SKIT 7

☐ A ～を見たいのですが： I'd like to look at ～s.

見たいものはひとつではなく、いろいろなものを見たいわけですから、"～" は複数形にしましょう。だから、"I'd like to look at some women's sweaters." となります。

☐ B ～色のものはありませんか？： Do you have anything in ～?

① **赤色のものは何かありませんか？**

Do you have あなた方はお持ちですか？ anything 何かを in red? 赤色の ／

「in ～色」は、色違いのものを探しているときに、とても便利な言い方です。

② **色違いのものはありませんか？**

Do you have あなた方はお持ちですか？ this これを in a different color? 違う色の ／

☐ C 試着してもいいですか？： May I try it on?

これは、よく使う表現です。注意しなくてはいけないのは、複数形の場合です。ズボン（pants、slacks、trousers、jeans）や靴などのように左右1ペア（pair）でひと揃えのものは、ひとつでもふたつとして考えます。そのときは、"May I try 私は試してもいいですか？ them それらを on? 身につけて ／" となります。

Speaking Lesson

4ステップ・スピーキング

★「→」の後に、その部分の英語を言ってみましょう（右ページに答えあり）

電話 • Telephone

CD1 42

A 国際部の坂本様とお話してもいいですか？

私はお話してもいいですか？ →
坂本様と →
国際部の →
お願いします →

CD1 43

B どちら様でしょうか？

お尋ねしてもよろしいですか？ →
どちら様がお電話をしているか →

CD1 44

C （電話を切らずに）そのままお待ちください。

お願いします →
そのままにしてください →
回線を →

CD1 45

D 後程かけ直します。

私は電話をかけます →
折り返し →
後で →

「5ステップ・リスニング」でマスターし、「重要ボキャブラリー＆重要構文」でチェックした項目をとっさに英語を話す（Speaking）ときでも使えるように「4ステップ・スピーキング」で、高速学習しましょう。

　今までマスターした重要事項は、この4ステップ・スピーキングを経て、とっさの英会話でも使える形で身につけることができます。

A May I speak to Mr. Sakamoto in the overseas division, please?

私はお話してもいいですか？ → **May I speak**
坂本様と → **to Mr. Sakamoto**
国際部の → **in the overseas division,**
お願いします → **please?**／

B May I ask who's calling?

お尋ねしてもよろしいですか？ → **May I ask**
どちら様がお電話をしているか → **who's calling?**／

C Please hold the line.

お願いします → **Please**
そのままにしてください → **hold**
回線を → **the line.**／

D I'll call back later.

私は電話をかけます → **I'll call**
折り返し → **back**
後で → **later.**／

第2日目　電話、レストラン、買い物 ● 93

E 伝言をお願いできますか？　　　　　　　　　　　CD1 46

　私は残してもいいですか？ →🔊
　メッセージを →🔊

F 番号をお願いできますか？　　　　　　　　　　　CD1 47

　持ってもいいですか？ →🔊
　あなたの番号を →🔊
　お願いします →🔊

G ごめんなさい。番号が間違ってますよ。　　　　　CD1 48

　申し訳ございません →🔊
　あなたは持っています →🔊
　間違った番号を →🔊

レストランで ● At the restaurant　　　　　　　CD1 49

A メニューをいただけますか？

　私達は持ってもいいですか？ →🔊
　メニューを →🔊
　お願いします →🔊

B ご注文はお決まりでしょうか？　　　　　　　　　CD1 50

　あなたは用意ができていますか？ →🔊
　注文をする →🔊

E May I leave a message?

私は残してもいいですか？ → **May I leave**

メッセージを → **a message?** ／

F May I have your number, please?

持ってもいいですか？ → **May I have**

あなたの番号を → **your number,**

お願いします → **please?** ／

G I'm sorry, you have the wrong number.

申し訳ございません → **I'm sorry,**

あなたは持っています → **you have**

間違った番号を → **the wrong number.** ／

A May we have some menus, please?

私達は持ってもいいですか？ → **May we have**

メニューを → **some menus,**

お願いします → **please?** ／

B Are you ready to order?

あなたは用意ができていますか？ → **Are you ready**

注文をする → **to order?** ／

C ステーキの焼き加減はどのようにしますか？

どのように →

あなたはお望みですか？ →

あなたのステーキを →

買い物 ● Shopping

A ただ見ているだけです。

私はただ見ているだけです →

B 婦人用のセーターを見たいのですが。

私は見たいのですが →

婦人用のセーターを →

C 色違いのものはありませんか？

あなた方はお持ちですか？ →

これを →

違う色の →

D 試着してもいいですか？

私は試してもいいですか？ →

それを →

身につけて →

C How would you like your steak?

どのように	→ **How**
あなたはお望みですか？	→ **would you like**
あなたのステーキを	→ **your steak?**

A I'm just looking.

| 私はただ見ているだけです | → **I'm just looking.** |

B I'd like to look at some women's sweaters.

| 私は見たいのですが | → **I'd like to look at** |
| 婦人用のセーターを | → **some women's sweaters.** |

C Do you have this in a different color?

あなた方はお持ちですか？	→ **Do you have**
これを	→ **this**
違う色の	→ **in a different color?**

D May I try it on?

私は試してもいいですか？	→ **May I try**
それを	→ **it**
身につけて	→ **on?**

第2日目　電話、レストラン、買い物 ● 97

Check this out!

身につければ日常会話は完ぺき！
ボキャブラリー＆構文②

ページの左側に日本語を、右側に英語を載せていますので、どちらかを隠して覚えているか確認していきましょう。
わからなかったものには、左側の□マークにチェック（✓）を入れます。これをわからないボキャブラリーや構文がなくなるまで行いましょう。

□ もしもし	□ Hello
□ ～様をお願いします	□ May I speak to ～, please?
□ どちら様ですか？	□ Who's calling, please?
□ （電話を切らずに）そのままお待ちください	□ hold the line
□ 恐れ入ります	□ I'm afraid ／ I'm sorry
□ 彼は外出中です	□ he's out
□ ～後に	□ in ～
□ 後程かけ直します	□ I'll call back later.
□ 伝言をお願いできますか？	□ May I leave a message?
□ 何か伝言はございますか？	□ May I take a message?
□ 折り返しお電話いただけるようにお願いします	□ ask ～ to call me back
□ 番号をお願いできますか？	□ May I have your number, please?
□ 番号が違いますよ	□ You have the wrong number.
□ ～をいただけますか？	□ May I have ～? ／ May we have ～?
□ ご注文はお決まりですか？	□ Are you ready to order?
□ 私は～をいただきます	□ I'll have ～. ／ I'd like ～.
□ ステーキの焼き加減はどのようにしますか？	□ How would you like your steak?
□ いらっしゃいませ	□ May I help you?
□ ただ見ているだけです	□ I'm just browsing. ／ I'm just looking.
□ ～を見たいのですが	□ I'd like to look at ～s.
□ ～色のものはありませんか？	□ Do you have anything in ～?
□ 試着してもいいですか？	□ May I try it on?

第3日目
郵便局、美容院、家計

　郵便局、美容院での英会話は、英語圏で実際に生活してみないとなかなか体験できませんね。今回は、実際のメアリーの会話を通して、郵便局、美容院の英会話を体験してみましょう。郵便物の出し方や美容院の予約、受付での会話など、重要ボキャブラリーが満載です。また、ロバートとメアリーの家計の会話から、請求書やお金に関する簡単なボキャブラリーを学びましょう。

　いずれも、日常会話でよく使われる重要なボキャブラリーや重要な言い回しがたくさん出てきます。

　まずは、5ステップ・リスニングでマスターしていきましょう。

Let's Get Started!

Story Listening

5 ステップ・リスニング

　このUnit（第3日目）で学習する基本から上級までのすべての重要ボキャブラリー＆重要構文を、「笠原メソッド」の高速リスニングメソッドである5ステップ・リスニングを使い、実用的な楽しいストーリーでマスターしていきます。ここでマスターした重要事項は、瞬時に思い出せる記憶になり、とっさの英会話やリスニングにも使える形で身につけることができます。

　それでは、耳の瞬発力をどんどん磨いていきましょう！　Let's get started!

郵便局で ● At the post office

SKIT 1

手紙を送りたいのですが
I'd like to send these letters.

Postal Clerk 郵便局員 (P.C.)　May I help 私がお手伝いしてもいいですか？ you? あなたを（→いらっしゃいませ）／

Mary　Yes, please. はい、お願いします／I'd like to send 送りたいのですが these letters これらの手紙を to America アメリカへ by registered mail. 書留郵便で／

P.C.　They're それらはなります 500 yen 500円に each. それぞれ／That'll be なるでしょう 1,000 yen 1,000円に altogether, 全部一緒で please. お願いします／

Mary	I would also like to send 私はまた送りたいのですが this parcel この小包を to the United States. アメリカへ ／
P.C.	Would you like to send あなたはお送りすることを望みますか？ it それを by airmail or surface mail? 航空便ですか、または船便ですか？ ／
Mary	By airmail, please. 航空便でお願いいたします ／
P.C.	All right. かしこまりました ／ Please お願いします fill out 記入してください this declaration form この申請書を for customs. 税関用に ／ Could you also write あなたはまた書いていただけますか？ the contents 中身を of the parcel, 小包の and そして the value 価値を of the contents その中身の right here? ちょうどここに ／
Mary	All right. わかりました ／ Here you are. はいどうぞ ／
P.C.	Thank you very much. ありがとうございます ／ That'll be それはなるでしょう 1,500 yen, 1,500円に please. お願いします ／

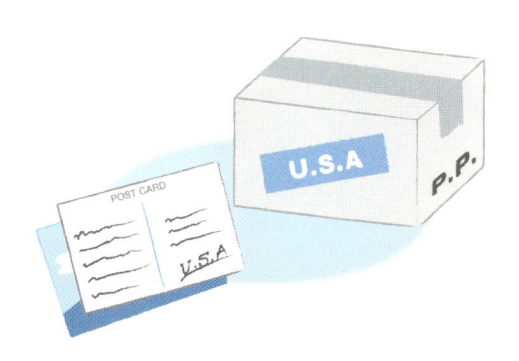

美容院で • At the hair salon

SKIT 2
予約をしたいのですが
I'd like to make an appointment.

Hairdresser (H.D.) Good morning, おはようございます "Lucy's Parlor". ルーシーズパーラーです ／ How どのように may I help 私はお手伝いしたらよいですか？ you? あなたを ／

Mary Hello, もしもし I'd like to make したいのですが an appointment 予約を for tomorrow afternoon, 明日の午後に please. お願いします ／

H.D. Certainly. かしこまりました ／ Would two o'clock be alright? 2時は大丈夫ですか？ ／

Mary Yes, はい that's fine. 結構ですよ ／ And そして I'd like 私は希望します a perm, cut, wash & blow-dry and set, パーマ、カット、シャンプー・ブローとセットを please. お願いします ／

H.D. Certainly. かしこまりました ／ May I have 私は持ってもよろしいですか？ your name, あなたの名前を please? お願いします ／

Mary My name is Mary Jones. 私の名前はメアリージョーンズです ／

H.D.　Thank you ありがとうございます so much, どうも Ms. Jones. ジョーンズ様 ／ We'll see お会いいたします you あなたに tomorrow at 2:00 p.m. 明日の２時に ／

Mary　Thank you. ありがとう ／ Goodbye. さようなら ／

SKIT 3

パーマとカットで間違いありませんか？
A perm and cut, is that right?

Hairdresser (H.D.)　May I help 手伝ってもよろしいですか？ you, あなたを (→いらっしゃいませ) ma'am? 奥様 ／

Mary　Yes, はい please. お願いします ／ I have 私は持っています an appointment 予約を at two o'clock. ２時に ／ The appointment is under the name 予約はその名前です of Jones. ジョーンズの ／

H.D.　Certainly, かしこまりました ma'am. 奥様 ／ Ms. Jones. ジョーンズ様 ／ A perm, cut, wash & blow-dry and set, パーマ、カット、シャンプー・ブローとセット is that right? 間違いありませんか？ ／

Mary　Yes, はい that's right. 間違いありません ／

H.D.　Come 来てください this way, こちらへ please. お願いします ／ Your hair dresser will be あなたの美容師は来ます with you あなたと一緒に shortly. もうすぐに ／

家計・Family budget

SKIT 4
支出を切り詰める
We need to cut down on our expenses.

Mary: Here are ここにはあります our phone bills. 私達の電話料金明細が／ Rob, ロブ it seems そのようだわ we really need to cut down 私達は切り詰める必要があります on our expenses. 私達の支出を／ These are the bills これらが請求書です from our home phone and our cellular phones. 私達の家の電話と携帯電話のです／ Recently, 最近 because of the cell phone bills, 携帯電話代のせいで our telephone bills have become very expensive. 私達の電話代はとても高くなりました／ I think 私は思います we will be 私達はなるでしょう in the red 赤字に next month. 来月には／

Robert: Well. えー／ In that case, その場合は I'll give up 私はやめるよ my mobile phone. 私の携帯を／ I don't really need 私は本当に必要ない mine 私のは because なぜなら I can use 私は使うことができるから the one それを from work. 仕事からの／

Mary: I don't think 私は思いません Lisa really needs リサが本当に必要だとは hers 彼女のものを either. また／

TIPS リサ（Lisa）は、ロバートとメアリーの娘で7歳です。

COLUMN

チップ (tips)

　日本人が旅行して、一番厄介なのがチップ（tips）の習慣でしょう。イギリス、オーストラリア、ニュージーランド、アイルランドなども日本と同じで、チップの習慣はありません。ただ、イギリスなどでは、ウェイターやウェイトレスに、チップをあげる人がいるようです。

　一般的に、英語圏で、クルマが左側を走っている国には、チップはないということですね。しかし、アメリカやカナダでは、当たり前にある習慣です。なお、"tip" は、発音するとき「チップ」ではなく、「ティッ（プ）」と発音します。

　さて、このチップを払わないとどうなるのでしょうか？　たぶん払わないと、そのお店では、「あのお客はチップを払わなかった」と大ニュースになります。再びそのお店に行くのは、やめたほうがいいでしょう。

　また、チップを渡すタイミングは、どうすればいいのでしょうか？チップは、店員さんのサービスに対する感謝の気持ち、心づけというのが基本的な考えですので、仕事がすんだ後に渡すものと考えてください。また、サービスの関係ないお店（たとえば、ファーストフード店など）では、基本的にチップは、必要ありません。

　それでは、いくらぐらい渡すべきでしょうか？　ホテルのハウスキーピング用に枕元に置く1ドルなどは、皆さんもよく知っていると思います。それ以外の場面の例をいくつか紹介しましょう。

　「レストラン」の場合は、勘定書（the bill／the check）の約15％です。通常は、あくまでも、自分のテーブルを担当してくれたウェイターに渡すので、会計で渡すのではなく、テーブル上に置いていきます。ただし、勘定書にすでに "gratuity（心づけ＝チップのこと）" などと書いてあるときは、その必要はありません。ただ、なかには、おつりの一部を置いていく人もいます。

　「タクシー」の場合も、料金に15％を加えて、支払います。「美容院（hair salon）や床屋さん（barber）」でも、チップは必要です。シャンプーの人に1～2ドル、カット、パーマの人に2ドルが目安です。

Vocabulary & Structure Building

重要ボキャブラリー&重要構文

　ここでは、第3日目のUNITで学習する基本から上級までのすべての重要ボキャブラリー&重要構文をチェックしていきます。
　マスターしたら、各項目の□マークに✔を入れていきましょう！

郵便局で • At the post office

SKIT 1

☐ **A** 書留郵便：registered mail（書留郵便で：by registered mail）
I'd like to send 送りたいのですが these letters これらの手紙を to America アメリカへ by registered mail. 書留郵便で ／

☐ **B** 〜（金額）になります：That's 〜.／That'll be 〜.／They're 〜.／They'll be 〜.

☐ **C** それぞれ：each

☐ **D** 全部一緒で：altogether
They're それらはなります 500 yen 500円に each. それぞれ ／ That'll be なるでしょう 1,000 yen 1,000円に altogether, 全部一緒で please. お願いします ／

106

☐ E 小包： parcel ／ package（米語）／ packet（米語）
☐ F 航空便： airmail

Mary： I would also like to send 私はまた送りたいのですが this parcel この小包を to the United States. アメリカへ ／

P.C.： Would you like to send あなたはお送りすることを望みますか？ it それを by airmail or surface mail? 航空便ですか、または船便ですか？ ／

「小包」を言うときの"parcel"は American English（米語）、British English（英語）の両方で使われますが、米語の場合"package"や"packet"とも言います。

「航空便」は"airmail"で、そのほかの列車便や船便は地球の表面を通っていく mail ということで、"surface（表面）mail"と言います。なお、「速達」は"express delivery""special delivery""express mail"などと言います。

☐ G 記入する： fill in ／ fill out
☐ H 申請書： declaration form

Please お願いします fill out 記入してください this declaration form この申請書を for customs. 税関用に ／

「フォームに記入する」は"fill in the form"または"fill out the form"と言います。よく使う表現なので覚えておきましょう。

「申請する」は、"declare"です。空港の税関（customs）で、「申請するものはありますか？」というのは、"Do you have anything to declare？"と言います。

☐ I はい、どうぞ： Here you are. ／ There you go. ／ Here you go.

「はい、どうぞ」は、"Here you are."のほかに、"There you go."や"Here you go."があります。

美容院で • At the hair salon

SKIT 2

☐ **A** 予約をする： make an appointment

I'd like to make したいのですが an appointment 予約を for tomorrow afternoon, 明日の午後に please. お願いします ／

☐ **B** パーマ： perm
☐ **C** シャンプー・ブロー： wash & blow-dry

I'd like 私は希望します a perm, cut, wash & blow-dry and set, パーマ、カット、シャンプー・ブローとセットを please. お願いします ／

SKIT 3

☐ **A** 予約をしてあります： have an appointment
☐ **B** 〜の名前で： under the name of 〜（名前）

I have 私は持っています an appointment 予約を at two o'clock. 2時に ／ It's under the name 予約はその名前です of Jones. ジョーンズという ／

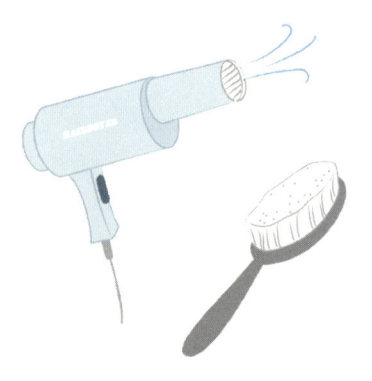

家計 • Family budget

SKIT 4

☐ **A** 電話料金明細、電話料金請求書： phone bill
Here are ここにはあります our phone bills. 私達の電話料金明細が ／

☐ **B** 切り詰める： cut down
We really need to cut down 私達は切り詰める必要があります on our expenses. 私達の支出を ／

☐ **C** 固定電話： home phone / land line（英語）

☐ **D** 携帯電話： cell phone（米語）／ cellular phone（米語）／ mobile phone（英語）
These are the bills これらが請求書です from our home phone and our cellular phones. 私達の家の電話と携帯電話のです ／

> 携帯電話は、American English（米語）では "cellular phone" または、"cell phone" と言いますが、British English（英語）では "mobile phone" と言います。

☐ **E** 赤字である： be in the red
Our family budget will be in the red 私達の家族の生活費は赤字になるでしょう next month. 来月には ／

> **TIPS** "budget" は「予算」という意味で、"family budget" となると「家計」になります。

☐ **F** やめる： give up ～
In that case, その場合は I'll give up 私はやめるよ my mobile phone. 私の携帯を ／

Speaking Lesson

4ステップ・スピーキング
★「→」の後に、その部分の英語を言ってみましょう（右ページに答えあり）

郵便局で ● At the post office　　CD2-5

A 私はこの小包を、アメリカへ航空便で送りたいのですが。

私は送りたいのですが → 🔊
この小包を → 🔊
アメリカへ → 🔊
航空便で → 🔊

CD2-6

B 税関用にこの申請書を記入してください。

お願いします → 🔊
記入してください → 🔊
この申請書を → 🔊
税関用に → 🔊

「5ステップ・リスニング」でマスターし、「重要ボキャブラリー＆重要構文」でチェックした項目をとっさに英語を話す（Speaking）ときでも使えるように「4ステップ・スピーキング」で、高速学習しましょう。

今までマスターした重要事項は、この4ステップ・スピーキングを経て、とっさの英会話でも使える形で身につけることができます。

A I would like to send this parcel to the United States by airmail.

私は送りたいのですが → **I would like to send**
この小包を → **this parcel**
アメリカへ → **to the United States**
航空便で → **by airmail.**／

B Please fill out this declaration form for customs.

お願いします → **Please**
記入してください → **fill out**
この申請書を → **this declaration form**
税関用に → **for customs.**／

美容院で ● At the hair salon

A 明日の午後に予約をしたいのですが。

したいのですが →
予約を →
明日の午後に →
お願いします →

B パーマ、カット、シャンプー・ブローとセットをお願いします。

私は希望します →
パーマ、カット、シャンプー・ブローとセットを →

お願いします →

C 私は午後2時に、ジョーンズという名前で予約をしてあります。

私は持っています →
予約を →
2時に →
予約はその名前です →
ジョーンズという →

A I'd like to make an appointment for tomorrow afternoon, please.

したいのですが → **I'd like to make**
予約を → **an appointment**
明日の午後に → **for tomorrow afternoon,**
お願いします → **please.**／

B I'd like a perm, cut, wash & blow-dry and set, please.

私は希望します → **I'd like**
パーマ、カット、シャンプー・ブローとセットを
　→ **a perm, cut, wash & blow-dry and set,**
お願いします → **please.**／

C I have an appointment at two o'clock. It's under the name of Jones.

私は持っています → **I have**
予約を → **an appointment**
2時に → **at two o'clock.**／
予約はその名前です → **It's under the name**
ジョーンズという → **of Jones.**／

家計 • Family budget

A 私達の電話料金明細が、ここにあります。
　　ここにはあります →
　　私達の電話料金明細が →

B 私達は、支出を切り詰める必要があります。
　　私達は切り詰める必要があります →
　　私達の支出を →

C これらが、私達の家の電話と携帯電話の請求書です。
　　これらが請求書です →
　　私達の家の電話と携帯電話のです →

D 来月には、私達の家族の生活費は赤字になるでしょう。
　　私達の家族の生活費は赤字になるでしょう →
　　来月には →

A Here are our phone bills.

ここにはあります → **Here are**

私達の電話料金明細が → **our phone bills.**／

B We really need to cut down on our expenses.

私達は切り詰める必要があります → **We really need to cut down**

私達の支出を → **on our expenses.**／

C These are the bills from our home phone and our cell phones.

これらが請求書です → **These are the bills**

私達の家の電話と携帯電話のです
→ **from our home phone and our cell phones.**／

D Our family budget will be in the red next month.

私達の家族の生活費は赤字になるでしょう
→ **Our family budget will be in the red**

来月には → **next month.**／

Check this out!

身につければ日常会話は完ぺき！
ボキャブラリー&構文③

ページの左側に日本語を、右側に英語を載せていますので、どちらかを隠して覚えているか確認していきましょう。
わからなかったものには、左側の□マークにチェック（✓）を入れます。これをわからないボキャブラリーや構文がなくなるまで行いましょう。

□	書留郵便	□ registered mail
□	書留郵便で	□ by registered mail
□	～（金額）になります	□ That's ～. ／ That'll be ～. ／ They're ～. ／ They'll be ～.
□	それぞれ	□ each
□	全部一緒で	□ altogether
□	小包	□ parcel ／ package（米語）／ packet（米語）
□	航空便	□ airmail
□	記入する	□ fill in ／ fill out
□	申請書	□ declaration form
□	はい、どうぞ	□ Here you are. ／ There you go. ／ Here you go.
□	予約をする	□ make an appointment
□	パーマ	□ perm
□	シャンプー・ブロー	□ wash & blow-dry
□	予約をしてあります	□ have an appointment
□	～の名前で	□ under the name of ～（名前）
□	電話料金明細、電話料金請求書	□ phone bill
□	切り詰める	□ cut down
□	固定電話	□ home phone ／ land line（英語）
□	携帯電話	□ cell phone（米語）／ cellular phone（米語）／ mobile phone（英語）
□	赤字である	□ be in the red
□	やめる	□ give up ～

第4日目
掃除、洗濯

　今回からは、ロバートとメアリーの子供達であるジェームス（James）、リサ（Lisa）、ジェフ（Jeff）も登場します。せっかくのお休み、天気もいいし、ロバートは、皆で湘南にドライブに行きたかったようです。しかし、今週ずっと、天気が悪かったこともあって、結局、お洗濯にお掃除となってしまったようです。

　余暇の英会話については、Vol.2の第10日目で取り上げていますので、今回は、ジョーンズ家の掃除と洗濯の様子から、日常英会話の掃除や洗濯で使われるボキャブラリーや表現を「笠原メソッド」で高速INPUTしていきましょう。

Let's Get Started!

Story Listening

5 ステップ・リスニング

　このUnit（第4日目）で学習する基本から上級までのすべての重要ボキャブラリー＆重要構文を、「笠原メソッド」の高速リスニングメソッドである5ステップ・リスニングを使い、実用的な楽しいストーリーでマスターしていきます。ここでマスターした重要事項は、瞬時に思い出せる記憶になり、とっさの英会話やリスニングにも使える形で身につけることができます。

　それでは、耳の瞬発力をどんどん磨いていきましょう！　Let's get started!

ナレーション • Narration

CD2 14

ジェームス、リサ、ジェフ、レックスについて
About James, Lisa, Jeff and Rex

James is Robert and Mary's son, ジェームスはロバートとメアリーの息子です and そして a high school student. 高校生です ／
Lisa is James' younger sister. リサはジェームスの妹です ／ She's seven years old. 彼女は7歳です ／
And, Jeff is James' younger brother. ジェフはジェームスの弟です ／ He's only two years old. 彼はまだ2歳です ／
Rex is their dog. レックスは彼らの犬です ／

TIPS "Jim" "Jimmy" そして "Jamie" は、すべて "James" のニックネームです。いわば、皆、"James" のことを言うのです。でも "Jeremy" や "Jerry" "Jake" "Jacob" は別です。詳しくは72ページのコラムをご覧ください。

掃除・Cleaning

SKIT 1
この部屋を片付けるべきだ
I should tidy up this room.

Mary　What a mess! 何たる散らかりようでしょう ／ James, ジェームス your room is very messy. あなたの部屋は散らかっています ／

James　I feel 僕は感じています comfortable 心地よく this way, このほうが but でも you're right, あなたは正しいです the books are not tidy 本は整頓されていない at all. 全然 ／ I think 僕は思います I should tidy up 僕は片付けるべきだと this room. この部屋を ／

Mary　I think 私は思います you should clean it up. あなたはそれを掃除するべきだと ／ First, 初めに will you tidy up 片付けてもらえる? the books, その本を James? ジェームス ／ Then, それから I will help 私は手伝いましょう you vacuum あなたが掃除機をかけるのを the floor. 床に ／ Could you mop モップがけしてもらえる? the floor, 床を Rob? ロブ ／

Robert　Sure, いいよ I will. 私がするよ ／ Oh, わあ it's stuffy 空気がよどんでるね in this room. この部屋の中は ／

Mary　Yeah. そうね ／ It's dusty, too. それはまたホコリっぽいし ／ James, ジェームス open 開けてね the windows, 窓を please. お願い ／

SKIT 2

家を掃除しよう
Let's clean up the house.

Mary Rob, ロブ the tap is leaking. 水道の水が漏れているわ ／ Could you call 電話してくれない？ the plumber? 配管工に ／

Robert Sure, いいよ but でも let させて me 私に check チェックするのを the pipe and the faucet そのパイプと蛇口を first. まず初めに ／
Oh, ああ I should call 私が電話すべきだね the plumber. 配管工に ／

Mary Let's clean up お掃除しましょう the house. お家を ／ Will you help あなたは手伝ってくれますか？ me 私を Lisa? リサ ／

Lisa OK. わかったわ ／ I'll sweep and vacuum 私が掃いて掃除機をかけるわ the floors. 床に ／ Mom, ママ our dish washing detergent 私達の台所洗剤が is running out, なくなってきているわ so それで when ときに we go 私達が行く（ときに） grocery shopping 食料雑貨品の買い物に（→スーパーに買い物に行くときに） we should buy 私達は買うべきだわ some more. いくらかもっと ／

Mary All right. わかったわ ／

Robert It looks like we have started 私達は始めたようだね the spring cleaning 大掃除を already. すでに ／

SKIT 3

オムツを替えないと
I have to change his diapers.

Mary　Do you want to pee? おしっこしたい？ ／ It's time 時間ですよ to go wee-wee. おしっこをしに行く ／ Oh, ああ it's too late. 遅すぎたわ ／ I have to change 私は替えないと his diapers. 彼のオムツを ／

Robert　Peek-a-boo. いないいないばあ ／ Kuchi-kuchi-koo. こちょこちょこちょ ／

James　Dad, パパ will you play catch キャッチボールしない？ with me? 僕と一緒に ／

Robert　Sure! いいよ ／ Let's go 行こう into the yard. 庭に ／ Have you got 持ってる？ our gloves? 私達のグローブを ／

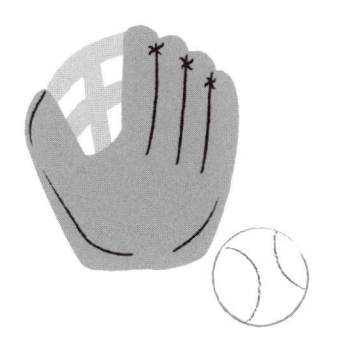

SKIT 4

犬に餌をあげてくれない？
Can you feed the dog?

Mary　Can you feed 餌をあげてくれない？ the dog 犬に and そして take 連れていって him 彼を for a walk? お散歩に ／ And then そしてそれから water 水をあげて the plants 植物に in the garden? 庭の ／

James　Come on! おいで ／ Let's walk 散歩に行こう the dog. 犬の ／

SKIT 5

すべて終了したね
All finished.

Robert　All finished. すべて終了したね ／ Let's take 取りましょう a rest. 休みを ／ Jeff, come here. ジェフ、ここへ来なさい ／ Let's lie down 横になろう and そして take a nap 昼寝をしよう for a while! 少しの間 ／

Mary　Are you sleeping, 寝てる？ Jeff? ジェフ ／ I think 私は思うよ you are awake. あなたは起きていると ／ You are playing possum. あなたはたぬき寝入りをしているのね ／

洗濯 ● Laundry

SKIT 6
洗濯をしよう
Let's do the laundry.

Robert　It's それはあります a beautiful day, 美しい日で isn't it? そうじゃない？ ／ I'm 私はいます in the mood 気分に for a drive ドライブに行く to Shonan beach 湘南海岸に today. 今日 ／

Mary　That sounds それは聞こえます like a good idea, よいアイデアのように but しかし we've got 私達は持っています so much laundry たくさんの洗濯物を to do すべき because なぜなら it's been raining ずっと雨が降っていたから for the past week. 過去１週間の間 ／

Robert　OK, 大丈夫 let's do the laundry 洗濯をしましょう first, 初めに and then そしてそれから go for a drive. ドライブに行きましょう ／

Mary: All right. 了解 ／ Now, それじゃ I'm going to wash 私は洗います our wool sweaters 私達のウール（毛糸）のセーターを by hand 手で in lukewarm water. ぬるま湯で ／ So, それで could you put 置いていただけますか？ the other laundry そのほかの洗濯物を in the washing machine? 洗濯機の中に ／ Then, それから turn it on. それのスイッチを入れてください ／ After that, その後で put the detergent in, その洗剤を入れてください please. お願いします ／

Robert: Sure, わかったよ I'll do 私はします it それを right away! 今すぐに ／

SKIT 7

干すのを手伝って
Will you help me hang out the washing?

SKIT 7-A

CD2 21

Robert: The washing has finished, その洗濯は終了しました Mary. メアリー ／

Mary: Okay. 了解 ／ Will you help 手伝ってもらえますか？ me 私が hang out 干すのを the washing 洗濯物を to dry? 乾かすために ／ Oh, あら wait! 待って ／ It may rain 雨が降るかもしれないわ at any moment. いつでも ／

Robert: Don't worry. 心配しないで ／ According to the weather forecast, 天気予報によると it should be sunny 晴れだそうだよ this afternoon, 午後は and そして the chance 可能性は of rain 雨の is あります only 10%. たった10％ ／

124

SKIT 7-B

Mary Rob, ロブ will you help あなたは手伝ってくれる？ me 私が bring in 取り込むのを the laundry? 洗濯物を ／

Robert Sure. いいよ ／ But だけど could you iron アイロンがけしてくれない？ my dress shirts? 私のワイシャツを ／

Mary You should take あなたは持っていくべきだわ them それらを to the dry-cleaner's クリーニング店に instead. その代わりに ／ Will you help あなたは手伝ってくれる？ me 私が fold up 畳むのを the clothes, 服を Lisa? リサ ／

Vocabulary & Structure Building

重要ボキャブラリー&重要構文

　ここでは、第4日目のUNITで学習する基本から上級までのすべての重要ボキャブラリー&重要構文をチェックしていきます。
　マスターしたら、各項目の□マークに✓を入れていきましょう！

ナレーション●Narration

☐ **A** 高校生：high school student
☐ **B** 妹：younger sister
☐ **C** 弟：younger brother

掃除●Cleaning

SKIT 1

☐ **A** 散らかり：mess（散らかって：messy）
What a mess! 何たる散らかりようでしょう ／ James, ジェームス your room is very messy. あなたの部屋は散らかっています ／

☐ **B** 心地よく感じている：feel comfortable
☐ **C** 整頓されている：be tidy
I feel 僕は感じています comfortable 心地よく this way, このほうが but でも you're right, あなたは正しいです the books are not tidy 本は整頓されていない at all. 全然 ／

　　米語では"tidy"はあまり使われず、"clean"で代用されることが多くなっています。

- [ ] **D** 整頓する、片付ける：**tidy up**
- [ ] **E** 掃除する：**clean up**

Tidy up 片付けて the books, その本を please. お願いします ／
Clean up 掃除して the room, その部屋を please. お願いします ／

- [ ] **F** 床に掃除機をかける：**vacuum the floor**
- [ ] **G** 床をモップがけする：**mop the floor**

I will help 私は手伝いましょう you vacuum あなたが掃除機をかけるのを the floor. 床に ／ Could you mop モップがけしてもらえる？ the floor, 床を Rob? ロブ ／

> 「床を掃く」は"sweep the floor"と言います。

- [ ] **H** （換気してなくて）空気がよどんでいる：**stuffy**

It's stuffy 空気がよどんでるね in this room. この部屋の中は ／

- [ ] **I** ホコリっぽい：**dusty**
- [ ] **J** 窓を開ける：**open the window**

It's dusty, too. それはまたホコリっぽい ／ James, ジェームス open 開けてね the windows, 窓を please. お願い ／

SKIT 2

☐ **A** 漏れる： leak

☐ **B** 配管工、水道屋さん： plumber

The tap is leaking. 水道の水が漏れているわ ／ Could you call 電話してくれない? the plumber? 配管工に ／

「漏れる」にはさまざまな言い方があります。
"The tap is leaking.（水道の蛇口の水が漏れているわ）" = "Water is leaking from the tap."
また "Water is leaking from the pipes.（パイプから水が漏れている）" や "The sink is leaking.（シンクが漏れている）" などのようにも使われます。

☐ **C** 管、パイプ： pipe

☐ **D** 蛇口： faucet ／ tap

Let させて me 私に check チェックするのを the pipes and the faucet そのパイプと蛇口を first. まず初めに ／

☐ **E** 台所洗剤： dish (washing) detergent（米語）／ dish soap（米語）／ washing-up liquid（英語）

☐ **F** 使い果たす： run out

☐ **G** 食料雑貨品： grocery

Mom, ママ our dish washing detergent 私達の台所洗剤が is running out, なくなってきているわ so それで when ときに we go 私達が行く（ときに） grocery shopping 食料雑貨品の買い物に（→スーパーに買い物に行くときに） we should buy 私達は買うべきだわ some more. いくらかもっと ／

「台所洗剤」を米語では "dish detergent"、または "dish washing detergent" や "dish soap" と言い、英語では "washing-up liquid" と言います。

- [ ] **H** 大掃除：spring cleaning
  It looks like we have started 私達は始めたようだね doing することを the spring cleaning 大掃除を already. すでに ／

SKIT 3

- [ ] **A** おしっこをする：pee
- [ ] **B** （子供が）おしっこをしに行く：go wee-wee
  Do you want to pee? おしっこしたい？ ／ It's time 時間ですよ to go wee-wee. おしっこをしに行く ／

  > 「（子供が）うんちをする」は、"poo" と言います。
  > 「おしっこをする」には、汚い言い方に "piss" などがありますが、使わないほうがいいでしょう。それ以外の大人の場合は、"go to the bathroom.（お手洗いに行く）" と言います。
  > My dog went to the bathroom 私の犬はおしっこをした on the sofa. ソファーの上で ／

- [ ] **C** オムツ：diaper（米語）／ nappy（英語）
  I have to change 私は替えないと his diapers. 彼のオムツを ／

  > **TIPS** ここで、一言「米語と英語の違い」をお伝えしましょう。
  > トイレ：bathroom ／ washroom（米語）、toilet（英語）
  > オムツ：diaper（米語）、nappy（英語）

- [ ] **D** いないいないばあ：Peek-a-boo
- [ ] **E** こちょこちょこちょ：Kuchi-kuchi-koo

  > 子供をあやす遊びとして "Peek-a-boo.（いないいないばあ）" や "Kuchi-kuchi-koo.（こちょこちょこちょ）" などがあります。

- [ ] **F** キャッチボールをする：play catch
  Will you play catch キャッチボールしない？ with me? 僕と一緒に ／

SKIT 4

☐ **A** 食べさせる： feed

☐ **B** 〜を散歩に連れて行く： take 〜 for a walk

Can you feed 餌をあげてくれない？ the dog, 犬に and そして take 連れてって him 彼を for a walk? お散歩に ／

> 「餌をあげる」「食べさせる」は、"feed" を使います。彼らが飼っている犬の名前（レックス：Rex）を使って、"Can you feed Rex?" または、"Can you feed the dog?" と言います。
> 　　Can you feed 餌をあげてくれない？ the dog? その犬に ／
> 　　Can you feed 餌をあげてくれない？ Rex? レックスに ／
> "walk the dog"「犬を歩かせる」が転じて、「犬を散歩に連れて行く」という表現もあります。
> 　　Let's walk 散歩に行こう Rex. レックス ／

☐ **C** 植物に水をあげる： water the plants

☐ **D** 庭： yard（広場になって遊べる庭）／ garden（植物を植えている庭）

And then そしてそれから water 水をあげて the plants 植物に in the garden? 庭の ／
Let's go 行こう into the yard. 庭に ／

SKIT 5

☐ **A** 休憩を取る： take a rest（米語）／ take a break（米語）／ have a rest（英語）／ have a break（英語）

☐ **B** おいで： come here

☐ **C** 横になる： lie down

☐ **D** 昼寝をする： take a nap（米語）／ have a nap（英語）

E 少しの間： for a while

Let's take 取りましょう a rest. 休みを ／ Jeff, come here. ジェフ、こ こへ来なさい ／ Let's lie down 横になろう and そして take a nap 昼寝をしよう for a while! 少しの間 ／

「休憩を取る」を表現するとき
　　米語： take a rest ／ take a break ／ take a nap（昼寝をする）
　　英語： have a rest ／ have a break ／ have a nap（昼寝をする）
となります。
このように、米語では"take"を使いますが、英語では"have"を使うことが多いです。チョコレート菓子の「キットカット」のCMでも、"Have a break, have a Kit-kat."というのがありましたよね。そうです。あれはイギリスで作られたCMです。

F 起きている： be awake
G うそ寝をする（たぬき寝入りをする）： play possum

Are you sleeping, 寝てる？ Jeff? ジェフ ／ I think 私は思うよ you are awake. あなたは起きていると ／ You are playing possum. あなたはたぬき寝入りをしているのね ／

TIPS "play possum"には、「うそ寝をする（たぬき寝入りをする）」のほかに、「死んだふりをする」という意味もあります。

洗濯 • Laundry

SKIT 6

☐ **A** ～の気分で：**in the mood for ～／in the mood to ～**

I'm 私はいます in the mood 気分に for a drive. ドライブに行く ／
I'm 私はいます in the mood 気分に to go for a drive. ドライブに行く ／

これらは「〜したい気分だな」というときに使う表現です。"in the mood for 〜" と "in the mood to 〜" は、どちらも意味は同じですが、後に「名詞（動名詞を含む）」を従えるか、「動詞」を従えるかという違いがあります。

○ **in the mood for ＋名詞（動名詞を含む）**
　（例）今晩はイタリアンが食べたいな。
　I'm 私はいます in the mood 気分に for Italian, イタリアンの tonight. 今晩は ／

○ **in the mood to ＋動詞の原形**
　（例）今、家でビデオを観たい気分だな。
　I'm 私はいます in the mood 気分に to watch 観る a video ビデオを at home. 家で ／

☐ **B** 洗濯をする：**do the laundry**

Could you do the laundry? 洗濯をしてもらえますか？ ／

☐ **C** 毛糸、ウール：**wool**

☐ **D** 手で：**by hand**

☐ **E** ぬるい：**lukewarm**

I will wash 私は洗います our wool sweaters 私達のウール（毛糸）のセーターを by hand 手で in lukewarm water. ぬるま湯で ／

☐ **F** ○○を〜に置く：**put ○○ in 〜**

☐ **G** 洗濯機：**washing machine**

Could you put 置いていただけますか？ the laundry 洗濯物を in the washing machine? 洗濯機の中に ／

- [ ] **H** スイッチを入れる： turn on
- [ ] **I** 洗剤： detergent
- [ ] **J** すぐに： right away

Mary： Then, それから turn it on. それのスイッチを入れてください ／ After that, その後で put the detergent in, その洗剤を入れてください please. お願いします ／

Robert： Sure, わかったよ I'll do 私はします it それを right away! 今すぐに ／

SKIT 7-A

- [ ] **A** （洗濯物を外に）干す： hang out ／ put out
- [ ] **B** 洗濯物： laundry（米語）／ washing（英語）

Will you help 手伝ってもらえますか？ me 私が hang out 干すのを the washing 洗濯物を to dry? 乾かすために ／（英語）

Will you help 手伝ってもらえますか？ me 私が hang 干すのを the laundry 洗濯物を outside 外側に to dry? 乾かすために ／（米語）

> "hang out" は「友人とぶらつく」という意味でもよく使われますが、「（洗濯物を外に）干す」という意味でもよく使われます。「洗濯物を干す」には、"put out" も使われます。

- [ ] **C** 〜によると： according to 〜
- [ ] **D** 可能性： chance

According to the weather forecast, 天気予報によると it should be sunny 晴れだそうだよ in the afternoon, 午後は and そして the chance 可能性は of rain 雨の is あります only 10%. たった10％ ／

SKIT 7-B

☐ **A** 洗濯物を取り込む：bring in the laundry
Will you help あなたは手伝ってくれる？ me 私が bring in 取り込むのを the laundry? 洗濯物を ／

☐ **B** アイロンがけをする：iron
Could you iron アイロンがけしてくれない？ my dress shirts? 私のワイシャツを ／

☐ **C** 持っていく：take
☐ **D** クリーニング店：dry-cleaner's
You should take あなたは持っていくべきだわ them それらを to the dry-cleaner's クリーニング店に instead. その代わりに ／

☐ **E** 畳む、折る：fold（米語）／ fold up（英語）
Will you help あなたは手伝ってくれる？ me 私が fold up 畳むのを the clothes, 服を Lisa? リサ ／

> "fold up（畳む）" と、"up" をつけると英語っぽい言い方になります。米語の場合、「畳む」は "fold" だけでも OK です。

COLUMN
ピンチの友人を英語で救おう！ & 英語で言い訳！

◇ **Console（慰める）**

最近、仲良くなったお友達が泣いています。そんなときは落ち着いて次のように声をかけましょう。

以下の表現に、Please「お願いだから」（丁寧に言う意味もあります）をつけて言うといいでしょう。"Don't be upset!（困らないで）" "Don't be sad!（悲しくならないで）" "Don't cry!（泣かないで）" などです。

その後、"There, there…（ほらほら…）" とつづけて「涙をふいて」という意味の "Wipe away your tears!" や "Dry your eyes!"、また、"Let's see a smile.（笑顔を見せて）" "Blow your nose!（鼻をかんで！）" など、やさしく言ってあげましょう！

◇ **Making Excuses!（言い訳）**

アメリカでは、うっかりと口が滑って、"swear words（汚い言葉）" を言ってしまった場合、"Excuse my French!" と言います。「フランス語が下手なんでごめんなさい」ということですが、なんだか、フランス語が汚い言葉のような表現で、失礼な気もしますね。でも、よく使われます！ この表現も言い訳のひとつですが、もっと一般的な言い訳の言い方を覚えておきましょう！

I didn't mean to hurt your feelings!「君を傷つける気はなかったんだ」
I didn't mean what I said!「そういう意味じゃなかったんだ」
I said the wrong thing!「間違ったことを言ったわ」
I didn't mean it!「そういう意味じゃなかったの」
Believe me!「信じてください」
I wasn't serious!「本気じゃなかった」
I was just joking!「ほんの冗談です」
I wasn't thinking! 「（あんまり）考えてなかった」
I lost my head!「頭を失った」⇒「ちゃんと考えてなかった」

Speaking Lesson

4 ステップ・スピーキング

★「→」の後に、その部分の英語を言ってみましょう（右ページに答えあり）

掃除 • Cleaning

CD2 23

A 私は、あなたが床に掃除機をかけるのを手伝いましょう。
- 私は手伝いましょう →
- あなたが掃除機をかけるのを →
- 床に →

CD2 24

B ロブ、床をモップがけしてくれない？
- モップがけしてもらえる？ →
- 床を →
- ロブ →

CD2 25

C この部屋の空気はよどんでるね。
- 空気がよどんでるね →
- この部屋の中は →

CD2 26

D 蛇口の水が漏れているわ、配管工に電話してくれない？
- 蛇口の水が漏れているわ →
- 電話してくれない？ →
- 配管工に →

「5ステップ・リスニング」でマスターし、「重要ボキャブラリー＆重要構文」でチェックした項目をとっさに英語を話す（Speaking）ときでも使えるように「4ステップ・スピーキング」で、高速学習しましょう。

今までマスターした重要事項は、この4ステップ・スピーキングを経て、とっさの英会話でも使える形で身につけることができます。

A I will help you vacuum the floor.

私は手伝いましょう → I will help
あなたが掃除機をかけるのを → you vacuum
床に → the floor. ／

B Could you mop the floor, Rob?

モップがけしてもらえる？ → Could you mop
床を → the floor,
ロブ → Rob? ／

C It's stuffy in this room.

空気がよどんでるね → It's stuffy
この部屋の中は → in this room. ／

D The tap is leaking. Could you call the plumber?

蛇口の水が漏れているわ → The tap is leaking. ／
電話してくれない？ → Could you call
配管工に → the plumber? ／

洗濯 ● Laundry

A 私はドライブに行きたい気分です。

私はいます →
気分に →
ドライブの →

B 初めに洗濯をして、それからドライブに行きましょう。

洗濯をしましょう →
初めに →
そしてそれから →
ドライブに行きましょう →

C 私が、ウールのセーターを、ぬるま湯で手洗いします。

私は洗います →
私達のウール（毛糸）のセーターを →
手で →
ぬるま湯で →

D 洗濯物を洗濯機に入れてもらえますか？

置いていただけますか？ →
そのほかの洗濯物を →
洗濯機の中に →

A I'm in the mood for a drive.

私はいます → I'm
気分に → in the mood
ドライブの → for a drive.

B Let's do the laundry first, and then go for a drive.

洗濯をしましょう → Let's do the laundry
初めに → first,
そしてそれから → and then
ドライブに行きましょう → go for a drive.

C I will wash our wool sweaters by hand in lukewarm water.

私は洗います → I will wash
私達のウール（毛糸）のセーターを → our wool sweaters
手で → by hand
ぬるま湯で → in lukewarm water.

D Could you put the other laundry in the washing machine?

置いていただけますか？ → Could you put
そのほかの洗濯物を → the other laundry
洗濯機の中に → in the washing machine?

E 洗濯物を干すのを手伝ってくれない？　CD2 31

手伝ってもらえますか？ →
私が →
干すのを →
洗濯物を →

F 洗濯物を取り込むのを手伝ってくれない？　CD2 32

手伝ってくれない？ →
私が →
取り込むのを →
洗濯物を →

G 私のワイシャツをアイロンがけしてくれない？　CD2 33

アイロンがけしてくれない？ →
私のワイシャツを →

H あなたはそれらをクリーニング店に持っていくべきだわ。　CD2 34

あなたは持っていくべきだわ →
それらを →
クリーニング店に →

I リサ、服を畳むのを手伝ってくれませんか？　CD2 35

手伝ってもらえませんか？ →
私が →
畳むのを →
服を →
リサ →

E Will you help me hang out the laundry?

手伝ってもらえますか？ → **Will you help**
私が → **me**
干すのを → **hang out**
洗濯物を → **the laundry?**／

F Will you help me bring in the laundry?

手伝ってくれない？ → **Will you help**
私が → **me**
取り込むのを → **bring in**
洗濯物を → **the laundry?**／

G Could you iron my dress shirts?

アイロンがけしてくれない？ → **Could you iron**
私のワイシャツを → **my dress shirts?**／

H You should take them to the dry-cleaner's.

あなたは持っていくべきだわ → **You should take**
それらを → **them**
クリーニング店に → **to the dry-cleaner's.**／

I Will you help me fold up the clothes, Lisa?

手伝ってもらえませんか？ → **Will you help**
私が → **me**
畳むのを → **fold up**
服を → **the clothes,**
リサ → **Lisa?**／

第4日目　掃除、洗濯 ● 141

Check this out!

身につければ日常会話は完ぺき！
ボキャブラリー&構文④

ページの左側に日本語を、右側に英語を載せていますので、どちらかを隠して覚えているか確認していきましょう。
わからなかったものには、左側の□マークにチェック（✓）を入れます。これをわからないボキャブラリーや構文がなくなるまで行いましょう。

□	高校生	□	high school student
□	妹	□	younger sister
□	弟	□	younger brother
□	散らかり	□	mess
□	散らかって	□	messy
□	心地よく感じている	□	feel comfortable
□	整頓されている	□	be tidy
□	整頓する、片付ける	□	tidy up
□	掃除する	□	clean up
□	床に掃除機をかける	□	vacuum the floor
□	床をモップがけする	□	mop the floor
□	（換気してなくて）空気がよどんでいる	□	stuffy
□	ホコリっぽい	□	dusty
□	窓を開ける	□	open the window
□	漏れる	□	leak
□	配管工、水道屋さん	□	plumber
□	管、パイプ	□	pipe
□	蛇口	□	faucet ／ tap
□	台所洗剤	□	dish (washing) detergent（米語）／ dish soap（米語）／ washing-up liquid（英語）
□	使い果たす	□	run out
□	食料雑貨品	□	grocery
□	大掃除	□	spring cleaning
□	おしっこをする	□	pee
□	（子供が）おしっこをしに行く	□	go wee-wee
□	オムツ	□	diaper（米語）／ nappy（英語）
□	いないいないばあ	□	Peek-a-boo

☐	こちょこちょこちょ	☐	**Kuchi-kuchi-koo**
☐	キャッチボールをする	☐	**play catch**
☐	食べさせる	☐	**feed**
☐	〜を散歩に連れて行く	☐	**take 〜 for a walk**
☐	植物に水をあげる	☐	**water the plants**
☐	庭	☐	**yard**（広場になって遊べる庭）／ **garden**（植物を植えている庭）
☐	休憩を取る	☐	**take a rest**（米語）／ **take a break**（米語）／ **have a rest**（英語）／ **have a break**（英語）
☐	おいで	☐	**come here**
☐	横になる	☐	**lie down**
☐	昼寝をする	☐	**take a nap**（米語）／ **have a nap**（英語）
☐	少しの間	☐	**for a while**
☐	起きている	☐	**be awake**
☐	うそ寝をする（たぬき寝入りをする）	☐	**play possum**
☐	〜の気分で	☐	**in the mood for 〜**／ **in the mood to 〜**
☐	洗濯をする	☐	**do the laundry**
☐	毛糸、ウール	☐	**wool**
☐	手で	☐	**by hand**
☐	ぬるい	☐	**lukewarm**
☐	○○を〜に置く	☐	**put ○○ in 〜**
☐	洗濯機	☐	**washing machine**
☐	スイッチを入れる	☐	**turn on**
☐	洗剤	☐	**detergent**
☐	すぐに	☐	**right away**
☐	（洗濯物を外に）干す	☐	**hang out** ／ **put out**
☐	洗濯物	☐	**laundry**（米語）／ **washing**（英語）
☐	〜によると	☐	**according to 〜**
☐	可能性	☐	**chance**
☐	洗濯物を取り込む	☐	**bring in the laundry**
☐	アイロンがけをする	☐	**iron**
☐	持っていく	☐	**take**

| □ クリーニング店 | □ dry-cleaner's |
| □ 畳む、折る | □ fold（米語）／ fold up（英語） |

COLUMN

英語で謝る／許す／仲直りする

◇ Making apologies（謝る）

知らないうちに人を傷つけていることもあるかもしれません。そんなときのために、謝るための表現、許してもらうための表現を覚えておきましょう。

I'm really sorry!「本当にごめんなさい」
Will you ever forgive me?「許してくれますか？」
Won't you forgive me?「許してくれない？」
Forgive me for being so rude.「とても失礼でした。ごめんなさい」
Forgive me for being so silly.「とてもバカでした。ごめんなさい」

◇ Accepting apologies!（謝られたら「いいよ。気にしないで」）

反対に、謝られて、許してあげるときの有効な表現も覚えておきましょう。

No worries!　Don't worry about it!「心配しないで！」
Let's forget it!「忘れましょう！」
Never mind!「気にしないで！」
Of course I forgive you.「もちろん、許すさ！」

◇ Let's make up!（仲直りしよう！）

さあ、次の段階は、仲直りです！　以下の２つはよく使われますので、覚えちゃいましょう。

Let's make up!「仲直りしよう！」
Let's be friends again!「再び友達になろう ⇒ 仲直りしよう！」

第**5**日目

料理、食事の時間

　今回は料理編です。ロバートとメアリーだけでなく、彼らの子供達であるジェームス（James）やリサ（Lisa）も協力します。家族みんなで料理をするときの会話から、料理に必要なボキャブラリー、そして料理の仕方を説明する表現方法を覚えましょう。

　また、料理したものを食べるシーンもありますので、食事するときによく使われるボキャブラリーも満載です。

　まずは、ストーリーを通して、重要事項を5ステップ・リスニングで高速INPUTしていきましょう。

Let's Get Started!

Story Listening

5 ステップ・リスニング

　このUnit（第5日目）で学習する基本から上級までのすべての重要ボキャブラリー＆重要構文を、「笠原メソッド」の高速リスニングメソッドである5ステップ・リスニングを使い、実用的な楽しいストーリーでマスターしていきます。ここでマスターした重要事項は、瞬時に思い出せる記憶になり、とっさの英会話やリスニングにも使える形で身につけることができます。

　それでは、耳の瞬発力をどんどん磨いていきましょう！　Let's get started!

料理●Cooking

SKIT 1

CD2 36

サンドイッチを作る
I will make some sandwiches.

Mary　Do you think あなたは思いますか？ I should prepare 私が作るべきだと lunch 昼食を or または shall we eat 私達は食事しましょうか out? 外で ／

Robert　You look tired. あなたは疲れているように見えるよ ／Don't worry. 気にしないで ／Just ただ relax. リラックスして ／I will make 私が作るよ some sandwiches. サンドイッチを ／I'll also cook 私はまた料理しましょう some cabbage soup and lasagna. キャベツスープとラザニアを ／

Mary　Oh, ええ that sounds それは聞こえます yummy. おいしそうに ／Thanks. ありがとう ／You are so considerate. あなたはとても思いやりがあるのですね ／

146

SKIT 2

夕食を作る
I'll cook dinner.

Mary　I'll cook 私が料理しましょう dinner. 夕食を ／ So, それで what 何を would you like to have? 食べることを望みますか？ ／

Robert　Well, うーん it's up to you. それはあなた次第です ／ The kids and I will help 子供達と私はお手伝いするよ you あなたが cook 料理するのを dinner. 夕食を ／

SKIT 3

手伝ってもらえる？
Will you help me?

Mary　Will you help 手伝ってもらえませんか？ me 私が peel 皮をむくのを the potatoes? そのジャガイモの ／

Robert　Sure. いいよ ／ But, でも I'm not good 私は得意ではありません at using 使うのが knives, ナイフを so, それで I need 私は必要です the peeler. ピーラーが ／ Do you know あなたは知っていますか？ where どこに it is? それがあるのかを ／

Mary　It's それはあります in the top drawer 一番上の引き出しに of the left hand side cabinet. 左側のキャビネットの ／ Rob, ロブ could you chop 切ってもらってもいい？ these onions これらのタマネギを after 後で you peel あなたが皮をむく the potatoes? そのジャガイモの ／ I hate 私は嫌いです chopping 切るのが onions. タマネギを ／ I can't help 私はやめられません crying. 泣くのを ／ I'll slice 私がスライスしましょう the ham ハムを instead. その代わりに ／

Robert　OK. 大丈夫 ／ Oh, ああ I can't believe 信じられないよ I cut 私は切っちゃった myself 自分自身を with this peeler. ピーラーで ／

SKIT 4

作り方を教えて？
Will you teach me how to make it?

SKIT 4-A

CD2 39

Mary　Lisa, リサ could you come 来てもらえる？ here? こっちに ／ I'll teach 私は教えましょう you あなたに how to beat 溶き方を the eggs そのタマゴの with a whisk. 泡立て器で ／ It's fun! 楽しいよ ／

Lisa　OK, Mom! はい、ママ ／ I'm coming! 今行きます ／

Robert　I'd like to fry 私は焼きたいです this fish この魚を with butter. バターで ／ Where is どこにありますか？ the spatula? そのヘラは ／

Mary: It's hanging up それはかかっています on the kitchen wall. キッチンの壁に / But でも that is nice cod, それはいいタラね so それだと I'd rather have 私はすることをより好みます it それを broiled or grilled. 照り焼きか網焼きで /

SKIT 4-B

James: Your soup is always tasty, あなたのスープはいつもおいしい Dad. お父さん / Will you teach 教えてもらえますか？ me 僕に how to make どうやって作るのか it? それを /

Robert: Sure. いいよ / I'll show 見せるね you お前に how. どうするのかを / First of all, まず何よりも初めに chop 切ってください the cabbage そのキャベツを on the chopping board まな板の上で and そして put 入れてください it それを in the pan. 鍋に /
Then それから put in 入れてください some beans. いくらかの豆を /
After that, その後で cover フタをしてください the pot その鍋に like this, このように and そして simmer とろ火でとろとろ煮てください until the beans are soft. 豆がやわらかくなるまで / It usually takes それは通常かかります about 15 minutes. およそ15分間 /

SKIT 4-C

James: Dad! お父さん / The pot is boiling over! 鍋が吹きこぼれているよ /

Robert: Oh, right. ああ、そうだね / Let's turn the heat down 熱を下げよう a bit. 少し / After 後で it has finished boiling, それが煮えた（後で） take 取ってください the lid off. フタをはずして / Finally, 最後に taste 味見して the stew その鍋を to see 見るために how どのように it's seasoned. それが味付けされているかを / Mary, メアリー will you taste 味見してくれない? it それを to see 見るために if it's seasoned 味付けされているかどうか right? 正しく /

Mary: All right! わかったわ / A little more salt and pepper will give あともう少しのお塩とコショウが与えるでしょう it それに more flavor. もっと味を /

Robert: Well, うーん I've got 私は持っている an idea. あるアイデアを / What 何を do you think あなたは思いますか? of adding 足すことを a little bit 少しを of ginger and garlic? ショウガとニンニクの / I'll grate 私がおろします some ginger and garlic いくらかのショウガとニンニクを now. 今 /

食事の時間 ● Meal time

SKIT 5
いただきます
Grace! Thank you for the food we eat!／Let's start eating!

Robert　Let's say 一緒に言おう grace! 恵みを！／Thank you ありがとうございます for the food 食べ物に we eat! 私達が食べる／Thank you ありがとうございます for the world 世界に so sweet! こんなにやさしい／Thank you ありがとうございます for the birds 鳥達に that sing! そしてそれらは歌う／Thank you ありがとうございます God 神様 for everything! すべてに（→食事を食べるときの決まり文句）／OK, let's eat! いいよ、それでは食べましょう／

James　This lasagna is really good. このラザニアは本当においしい／What are 何ですか？ the ingredients? その材料は／

Mary　It has それは持っている tomatoes, cheese, meat sauce and so forth トマト、チーズ、ミートソースなどを in it. その中に／

SKIT 6

おいしそう
It looks yummy.

Robert: What is 何ですか？ that delicious smell? そのおいしそうなにおいは／I'm 私はいます in the mood 気分に for dessert デザートの even though I'm on a diet. ダイエット中なのだけれども／

James: Actually, 実は I baked 僕は焼きました a pound cake. パウンドケーキを／Do you wanna try 味見したいですか？ some? いくらか／

Lisa: It looks それは見えます so yummy. 大変おいしそうに／

TIPS "wanna = want to"です。会話ではしばしばこのように言うのですが、もうひとつ、"I'm going to～"を"I'm gonna～"と言うことも、会話ではよくあります。

SKIT 7

少ししょっぱすぎない？
It's a little bit too salty, isn't it?

Lisa: This soup is sweet このスープは甘いわ and そして it's nice それはいいです but しかし it's also a little bit too salty, それはまた少ししょっぱすぎるわ isn't it? そうじゃないかしら？／

Mary: Oh, ああ I'm sorry. ごめんね／I put 私は入れました too much salt 多すぎる塩を instead of sugar 砂糖の代わりに in it その中に by mistake. 間違って／

James This celery is fresh and crisp, このセロリは新鮮でシャキシャキしている but でも this steak is really tough and chewy. このステーキは、本当に堅くてかみごたえがある ／ However, けれども they're all tasty. それらは皆おいしい ／

Mary This salad is very nutritious このサラダは栄養があって体にいいのよ because なぜなら it's got それは持っているの a lot of healthy ingredients, たくさんの健康的な食材を like 以下のような spinach, lettuce, carrots, tomatoes and seaweed ホウレン草、レタス、ニンジン、トマト、そして海藻といったような in it. その中に ／

SKIT 8
ごちそうさまでした
That was a wonderful meal.

Robert That was a wonderful meal, それは素晴らしい食事でした and そして the cooking was fun. 料理は楽しかった ／ I hate 私は嫌いです TV dinners. 冷凍のインスタント食品が ／ Now, さて it's time 時間です for dessert. デザートの ／

Mary I baked 私は焼きました an apple pie. アップルパイを ／

Lisa I'd love to eat すごく食べたいな some, いくらかを but でも I'm on a diet. 私ダイエット中なの ／

Mary You're kidding! 冗談を言うのではありません ／ You're only seven years old. あなたはまだ7歳なのよ ／

Vocabulary & Structure Building

重要ボキャブラリー&重要構文

　ここでは、第5日目のUNITで学習する基本から上級までのすべての重要ボキャブラリー&重要構文をチェックしていきます。
　マスターしたら、各項目の□マークに✔を入れていきましょう！

料理 • Cooking

SKIT 1

☐ **A 料理する： make ／ cook ／ prepare ／ fix**

I will make 私が作るよ some sandwiches. サンドイッチを ／
I'll cook 私は料理しましょう some cabbage soup and lasagna. キャベツスープとラザニアを ／
I'll prepare 私は用意します dinner. ディナーを ／

> "cook"は「熱を加えて料理する」ことだけを意味するので、サラダを作るのに"cook"は使いません。また、"make"は「料理する」という意味で使う場合、熱を使っても使わなくてもOKな言い方です。そのほかに、料理を「作る」には、"fix"を用いることがあります。料理の「支度をする（作るも含まれる）」は"prepare"を用います。

☐ **B 外食する、外で食事をする： eat out**

I'd like to eat 私は食べることを望みます out 外で tonight. 今晩は ／

☐ **C 思いやりがある： considerate ／ thoughtful**

You are so considerate. あなたはとても思いやりがあるのね ／

> **TIPS** 親しい人に対して「やさしい」は"sweet"を使います。
> You are so sweet. あなたはとてもやさしい ／
> 通常のやさしいは"kind"です。

SKIT 2

☐ A あなた次第： up to you

"It's up to you.（それはあなた次第です）"は、よく使われるイディオムです。覚えておきましょう。
また、似た表現で、"I'll leave it up to you."もビジネスで、よく使われます。
"I'll leave 私は残します it それを up to you. あなた次第で ／" すなわち、「(もう私は手を引きますから) それは、あなたの裁量で処理してください」ということです。

SKIT 3

☐ A 皮をむく： peel

Will you help 手伝ってもらえませんか？ me 私が peel 皮をむくのを the potatoes? そのジャガイモの ／

厳密には、「手でむく」ときは "peel"、「ナイフでむく」ときは "pare" と言われていますが、ナイフで皮をむくときでも "peel" を使うことも多くあります。

☐ B 切る： chop

Rob, ロブ could you chop 切ってもらってもいい？ these onions これらのタマネギを after 後で you peel あなたが皮をむく the potatoes? そのジャガイモの ／

☐ C スライスする： slice

I'll slice 私がスライスしましょう the ham ハムを instead. その代わりに ／

☐ D 自分の指などを切る： cut 〜 self

I cut 私は切っちゃった myself 自分自身を with a knife. ナイフで ／

SKIT 4-A

☐ **A** 溶く： beat

☐ **B** 泡立て器： whisk

I'll teach 私は教えましょう you あなたに how to beat 溶き方を the eggs そのタマゴの with a whisk. 泡立て器で ／

☐ **C** 今、行きますよ： I'm coming.

> **TIPS** ドアがノックされて、「今、（ドアのところに）行きますよ」と言うときや、呼ばれて、「今、行きますよ」と言うときは、自分から見ると確かに「行く" "go"なのですが、相手の要請に応じてなので、相手からすると自分のところに「来る" "come"になります。そのため "come" を使って、"I'm coming" と言います。

☐ **D** 焼く： fry

I'd like to fry 私は焼きたいです this fish この魚を with butter. バターで ／

I'd rather have 私はすることをより好みます it それを broiled or grilled. 照り焼きか網焼きで ／

> 日本人は "fry" を「（油で）揚げる」という意味に考えがちですが、実は「揚げる」は "deep fry" で、"fry" は「（鉄板の上で）焼く」という意味です。「炒める」は "stir fry"、「網焼きにする」は "grill"、「直火で焼く」または「照り焼きにする」は "broil"、そして「あぶる」は "roast" です。

☐ **E** ヘラ： spatula

Where is どこにありますか？ the spatula? そのヘラは ／

☐ **F** かかっている： be hanging up

It's hanging up それはかかっています on the kitchen wall. キッチンの壁に ／

☐ G タラ：cod

「タラ」は "cod"、「サケ」は "salmon"、「マス」は "trout"、「サバ」は "mackerel"、「タイ」は "sea bream"、「カツオ」は "bonito"、「ブリ」は "yellowtail" です。アメリカ人はあまり魚を食べませんし、魚には詳しくありませんので、これくらい覚えておけば不自由しないでしょう。

SKIT 4-B

☐ A おいしい：delicious ／ tasty

ネイティヴ達は、「おいしい」という表現に、いろいろな言い方をします。"delicious" は、ありふれていてあまり使いません。「味がいい」という意味で "tasty"、子供達は "yummy" とか "yum" と言いますし、単に "good" とか、"beautiful" と言うこともよくあります。

☐ B まず、初めに：first of all ／ first

First of all, まず何よりも初めに chop 切ってください the cabbage そのキャベツを on the chopping board. まな板の上で ／

☐ C 入れる：put in
☐ D それから：then（次に：next）

Put 入れてください it それを in the pan. 鍋に ／ Then それから put in 入れてください some beans. いくらかの豆を ／

この場合「入れる（put in）」の代わりに「加える」の "add" にしてもOKです。

第5日目　料理、食事の時間　157

- [ ] **E** フタをする： cover
- [ ] **F** このように： like this
- [ ] **G** とろ火で煮る： simmer（煮る： boil）

    Then, そして cover フタをしてください the pot その鍋に like this, このように and そして simmer とろ火でとろとろ煮てください until the beans are soft. 豆がやわらかくなるまで ／ It usually takes それは通常かかります about 15 minutes. およそ15分間 ／

    単に「煮る」のときは"boil"で"Please お願いします boil 煮てください the beans, その豆を first. 初めに ／"のように使います。

SKIT 4-C

- [ ] **A** 吹きこぼれる： boil over

    The pot is boiling over! 鍋が吹きこぼれているよ ／

- [ ] **B** フタをはずす： take the lid off

    After 後で it has finished boiling, それが煮えた（後で） take 取ってください the lid off. フタをはずして ／

- [ ] **C** 味見する、味： taste
- [ ] **D** 鍋： stew（食べ物）／ pan ／ pot
- [ ] **E** 味がついている： be seasoned

    Finally, 最後に taste 味見して the stew その鍋を to see 見るために how どのように it's seasoned. それが味付けされているかを ／ Mary, メアリー will you try 味見してくれない？ it それを to see 見るために if it's seasoned 味付けされているかどうか right? 正しく ／

- **F** 塩：salt
- **G** コショウ：pepper
- **H** 味：taste ／ flavor

A little more salt and pepper will give あともう少しのお塩とコショウが与えるでしょう it それに more flavor. もっと味を ／

TIPS "flavor" には「風味」というニュアンスがあります。

COLUMN

「鍋」について

「鍋」は、英語では "saucepan" とか、ただ単に "pan" と言います。しかし、日本人は "pan" と聞くと "frying pan（フライパン）" を思い浮かべてしまって、「pan ＝鍋」とは結びつきにくいので注意が必要です。

"pot" は、実にたくさんの意味があります。本書の場合は「鍋」ですが、"tea pot" で「きゅうす」、"flower pot（または、plant pot）" で「植木鉢」などの意味があります。

また、日本語で「鍋」というと、食べる「鍋」の意味もありますね。その場合は "stew" がいいでしょう。

また、英語の "pot" には日本語の「魔法瓶」という意味はありませんので要注意です。"Water warmer" や "electric kettle" などの言い方がいいでしょう。ちなみに、私のアメリカ人の友人は、日本に来て「魔法瓶」を見て、とても驚いていました。アメリカにはないものなのです。もちろんその後、買って帰って行きました。

- [ ] **I** 足す： add
- [ ] **J** ショウガ： ginger
- [ ] **K** ニンニク： garlic
- [ ] **L** おろす： grate

What 何を do you think あなたは思いますか？ of adding 足すことを a little bit 少しを of ginger and garlic? ショウガとニンニクの ／ I'll grate 私がおろします some ginger and garlic いくらかのショウガとニンニクを now. 今 ／

食事の時間 • Meal time

SKIT 5

- [ ] **A** いただきます

アメリカやイギリスで、食事の前によくみんなが唱える決まり文句があります。食事という恵みへの感謝の言葉なので、興味のある人は覚えてみましょう。

Let's say 一緒に言おう grace! 恵みを！ ／ Thank you ありがとうございます for the food 食べ物に we eat! 私達が食べる ／ Thank you ありがとうございます for the world 世界に so sweet! こんなにやさしい ／ Thank you ありがとうございます for the birds 鳥達に that sing! そしてそれらは歌う ／ Thank you ありがとうございます God 神様 for everything! すべてに ／
OK, let's eat! いいよ、それでは食べましょう ／

- [ ] **B** ラザニア： lasagna
- [ ] **C** 食材： ingredients

This lasagna is really good. このラザニアは本当においしい ／ What are 何ですか？ the ingredients? その材料は ／

SKIT 6

- [ ] **A** におい：smell
- [ ] **B** デザート：dessert
- [ ] **C** ダイエット中：on a diet
- [ ] **D** 焼く：bake

What is 何ですか？ that delicious smell? そのおいしそうなにおいは ／
I'm 私はいます in the mood 気分に for dessert デザートの even though I'm on a diet. ダイエット中なのだけれども ／
Actually, 実は I baked 僕は焼きました a pound cake. パウンドケーキを ／

SKIT 7

- [ ] **A** 甘い：sweet
- [ ] **B** しょっぱい：salty

This soup is sweet このスープは甘いです and そして it's nice それはいいです but しかし it's also a little bit too salty, それはまた少ししょっぱすぎるわ isn't it? そうじゃないかしら？ ／

　　そのほか「辛い」は"spicy"や"hot"と言います。

- [ ] **C** 多すぎる〜：too much 〜
- [ ] **D** 〜の代わりに：instead of 〜

I put 私は入れました too much salt 多すぎる塩を instead of sugar 砂糖の代わりに in it その中に by mistake. 間違って ／

第5日目　料理、食事の時間 ● 161

- [ ] E セロリ：celery
- [ ] F シャキシャキしている：crisp
- [ ] G ステーキ：steak
- [ ] H 堅い：tough
- [ ] I かみごたえがある：chewy

This celery is fresh and crisp, このセロリは新鮮でシャキシャキしている but でも this steak is really tough and chewy. このステーキは、本当に堅くてかみごたえがある ／

- [ ] J 栄養がある：nutritious
- [ ] K ホウレン草：spinach
- [ ] L レタス：lettuce
- [ ] M ニンジン：carrot
- [ ] N トマト：tomato
- [ ] O 海藻：seaweed

This salad is very nutritious このサラダは栄養があって体にいいのよ because なぜなら it has それにはあります spinach, lettuce, carrots, tomatoes, seaweed and so on. ホウレン草、レタス、ニンジン、トマト、海藻などが ／

TIPS アメリカの日常会話において、"and so on"はあまり使われることがありません。それよりも、"A, B, C and D"のほうが多く使われます。ですから上記の"because"以下は、次のように言うほうがアメリカでは一般的です。
　… because it has healthy ingredients like spinach, lettuce, carrots, tomatoes and seaweed in it.

SKIT 8

☐ **A** 食事：meal
☐ **B** 楽しい：fun
☐ **C** 冷凍のインスタント食品：TV dinner

That was a wonderful meal, それは素晴らしい食事でした and そして the cooking was fun. 料理は楽しかった ／ I hate 私は嫌いです TV dinners. 冷凍のインスタント食品が ／ Now, さて it's time 時間です for dessert. デザートの ／

☐ **D** アップルパイ：apple pie

I baked 私は焼きました an apple pie. アップルパイを ／

☐ **E** 冗談を言わないで：You're kidding!

You're kidding! 冗談を言うのではありません ／ You're only seven years old. あなたはまだ7歳なのよ ／

Speaking Lesson

4 ステップ・スピーキング

★「→」の後に、その部分の英語を言ってみましょう（右ページに答えあり）

料理 ● Cooking

A 私がサンドイッチを作るよ。
　私が作るよ → 🔊
　サンドイッチを → 🔊

CD3-2

B 私は、キャベツスープとラザニアを作りますね。
　私は料理しましょう → 🔊
　キャベツスープとラザニアを → 🔊

CD3-3

C 私は今晩は、外で食べたいです。
　私は食べることを望みます → 🔊
　外で → 🔊
　今晩は → 🔊

CD3-4

D あなたはとても思いやりがあるのね。
　あなたはとても思いやりがあるね → 🔊

CD3-5

「5ステップ・リスニング」でマスターし、「重要ボキャブラリー&重要構文」でチェックした項目をとっさに英語を話す（Speaking）ときでも使えるように「4ステップ・スピーキング」で、高速学習しましょう。

今までマスターした重要事項は、この4ステップ・スピーキングを経て、とっさの英会話でも使える形で身につけることができます。

A I will make some sandwiches.
　私が作るよ → I will make
　サンドイッチを → some sandwiches. ／

B I'll cook some cabbage soup and lasagna.
　私は料理しましょう → I'll cook
　キャベツスープとラザニアを → some cabbage soup and lasagna. ／

C I'd like to eat out tonight.
　私は食べることを望みます → I'd like to eat
　外で → out
　今晩は → tonight. ／

D You are so considerate.
　あなたはとても思いやりがあるね → You are so considerate. ／

第5日目　料理、食事の時間

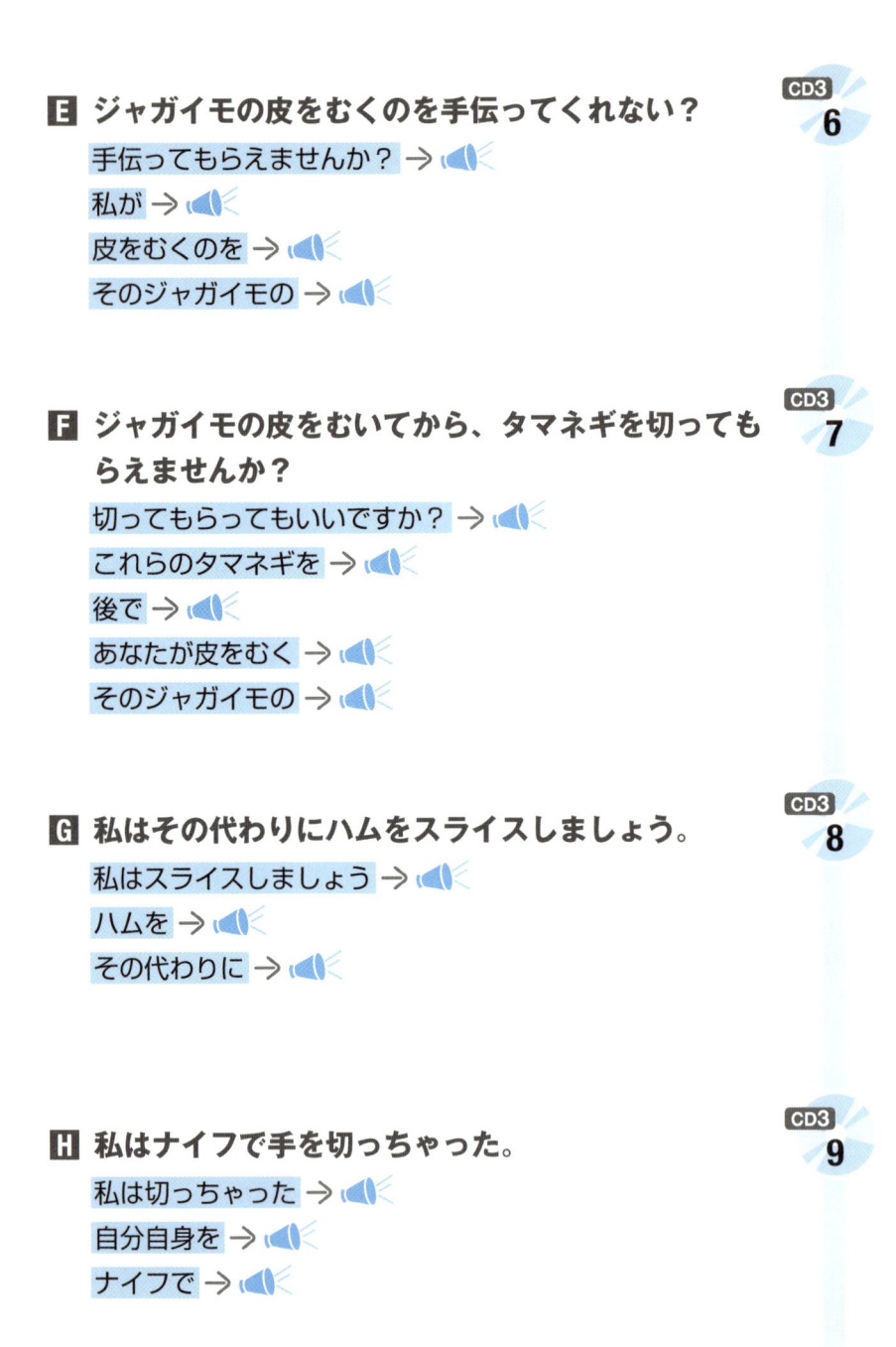

E ジャガイモの皮をむくのを手伝ってくれない？

手伝ってもらえませんか？ → 🔊
私が → 🔊
皮をむくのを → 🔊
そのジャガイモの → 🔊

F ジャガイモの皮をむいてから、タマネギを切ってもらえませんか？

切ってもらってもいいですか？ → 🔊
これらのタマネギを → 🔊
後で → 🔊
あなたが皮をむく → 🔊
そのジャガイモの → 🔊

G 私はその代わりにハムをスライスしましょう。

私はスライスしましょう → 🔊
ハムを → 🔊
その代わりに → 🔊

H 私はナイフで手を切っちゃった。

私は切っちゃった → 🔊
自分自身を → 🔊
ナイフで → 🔊

E Will you help me peel the potatoes?

手伝ってもらえませんか？ → **Will you help**
私が → **me**
皮をむくのを → **peel**
そのジャガイモの → **the potatoes?**／

F Could you chop these onions after you peel the potatoes?

切ってもらってもいいですか？ → **Could you chop**
これらのタマネギを → **these onions**
後で → **after**
あなたが皮をむく → **you peel**
そのジャガイモの → **the potatoes?**／

G I'll slice the ham instead.

私はスライスしましょう → **I'll slice**
ハムを → **the ham**
その代わりに → **instead.**／

> **メモ** 話しているときにどのハムか決まっていなかったら、"some ham" と言います。

H I cut myself with a knife.

私は切っちゃった → **I cut**
自分自身を → **myself**
ナイフで → **with a knife.**／

第5日目　料理、食事の時間 ● **167**

I 私は、あなたにその泡立て器でタマゴの溶き方を教えましょう。

 私は教えましょう →
 あなたに →
 溶き方を →
 そのタマゴの →
 泡立て器で →

J 私はこの魚をバターで焼きたいです。

 私は焼きたいです →
 この魚を →
 バターで →

K そのヘラはどこにありますか？

 どこにありますか？ →
 そのヘラは →

L それはキッチンの壁にかかっています。

 それはかかっています →
 キッチンの壁に →

M 私は照り焼きか網焼きにすることをより好みます。

 私はすることをより好む →
 それを →
 照り焼きか網焼きに →

I I'll teach you how to beat the eggs with a whisk.

私は教えましょう → I'll teach
あなたに → you
溶き方を → how to beat
そのタマゴの → the eggs
泡立て器で → with a whisk.／

J I'd like to fry this fish with butter.

私は焼きたいです → I'd like to fry
この魚を → this fish
バターで → with butter.／

K Where is the spatula?

どこにありますか？ → Where is
そのヘラは → the spatula?／

L It's hanging up on the kitchen wall.

それはかかっています → It's hanging up
キッチンの壁に → on the kitchen wall.／

M I'd rather have it broiled or grilled.

私はすることをより好む → I'd rather have
それを → it
照り焼きか網焼きに → broiled or grilled.／

N まず初めに、豆を煮てください。そしてそれから、このように鍋にフタをして、豆がやわらかくなるまでとろ火で煮てください。およそ15分かかります。

お願いします → 🔊
煮てください → 🔊
その豆を → 🔊
初めに → 🔊
そして → 🔊
フタをしてください → 🔊
その鍋に → 🔊
このように → 🔊
そして → 🔊
とろ火でとろとろ煮てください → 🔊
豆がやわらかくなるまで → 🔊
それは通常かかります → 🔊
およそ15分間 → 🔊

O 鍋が吹きこぼれているよ。

鍋が吹きこぼれているよ → 🔊

P それが煮えたら、フタをはずしてください。

後で → 🔊
それが煮えた → 🔊
取ってください → 🔊
フタをはずして → 🔊

N Please boil the beans, first. Then, cover the pot like this, and simmer until the beans are soft. It usually takes about 15 minutes.

お願いします → **Please**
煮てください → **boil**
その豆を → **the beans,**
初めに → **first.** ／
そして → **Then,**
フタをしてください → **cover**
その鍋に → **the pot**
このように → **like this,**
そして → **and**
とろ火でとろとろ煮てください → **simmer**
豆がやわらかくなるまで → **until the beans are soft.** ／
それは通常かかります → **It usually takes**
およそ15分間 → **about 15 minutes.** ／

O The pot is boiling over!

鍋が吹きこぼれているよ → **The pot is boiling over!** ／

P After it has finished boiling, take the lid off.

後で → **After**
それが煮えた → **it has finished boiling,**
取ってください → **take**
フタをはずして → **the lid off.** ／

Q それから、どのような味になっているのかその鍋を味見してください。 **CD3 18**

それから → 🔊
味見して → 🔊
その鍋を → 🔊
見るために → 🔊
どのように → 🔊
それが味付けされているかを → 🔊

R あともう少し塩とコショウがあると味が出るでしょう。 **CD3 19**

あともう少しのお塩とコショウが与えるでしょう → 🔊

それに → 🔊
もっと味を → 🔊

S 少し、ショウガとニンニクを足すのはどうでしょう？ **CD3 20**

何を → 🔊
あなたは思いますか？ → 🔊
足すことを → 🔊
少しを → 🔊
ショウガとニンニクの → 🔊

T 今、私がショウガとニンニクをおろします。 **CD3 21**

私がおろします → 🔊
いくらかのショウガとニンニクを → 🔊
今 → 🔊

Q Then, taste the stew to see how it's seasoned.

それから → Then,
味見して → taste
その鍋を → the stew
見るために → to see
どのように → how
それが味付けされているかを → it's seasoned.／

R A little more salt and pepper will give it more taste.
あともう少しのお塩とコショウが与えるでしょう
　　→ A little more salt and pepper will give
それに → it
もっと味を → more taste.／

S What do you think of adding a little bit of ginger and garlic?

何を → What
あなたは思いますか？ → do you think
足すことを → of adding
少しを → a little bit
ショウガとニンニクの → of ginger and garlic?／

T I'll grate some ginger and garlic now.

私がおろします → I'll grate
いくらかのショウガとニンニクを → some ginger and garlic
今 → now.／

Check this out!

身につければ日常会話は完ぺき！
ボキャブラリー&構文⑤

ページの左側に日本語を、右側に英語を載せていますので、どちらかを隠して覚えているか確認していきましょう。
わからなかったものには、左側の□マークにチェック（✓）を入れます。これをわからないボキャブラリーや構文がなくなるまで行いましょう。

☐	料理する	☐	make／cook／prepare／fix
☐	外食する、外で食事をする	☐	eat out
☐	思いやりがある	☐	considerate／thoughtful
☐	あなた次第	☐	up to you
☐	皮をむく	☐	peel
☐	切る	☐	chop
☐	スライスする	☐	slice
☐	自分の指などを切る	☐	cut 〜 self
☐	溶く	☐	beat
☐	泡立て器	☐	whisk
☐	今、行きますよ	☐	I'm coming.
☐	焼く	☐	fry
☐	ヘラ	☐	spatula
☐	かかっている	☐	be hanging up
☐	タラ	☐	cod
☐	おいしい	☐	delicious／tasty
☐	まず、初めに	☐	first of all／first
☐	入れる	☐	put in
☐	それから	☐	then
☐	次に	☐	next
☐	フタをする	☐	cover
☐	このように	☐	like this
☐	とろ火で煮る	☐	simmer
☐	煮る	☐	boil
☐	吹きこぼれる	☐	boil over
☐	フタをはずす	☐	take the lid off
☐	味見する、味	☐	taste
☐	鍋	☐	stew（食べ物）／pan／pot

☐ 味がついている	☐ be seasoned
☐ 塩	☐ salt
☐ コショウ	☐ pepper
☐ 味	☐ taste／flavor
☐ 足す	☐ add
☐ ショウガ	☐ ginger
☐ ニンニク	☐ garlic
☐ おろす	☐ grate
☐ いただきます	☐ Let's say grace!……（160ページ参照）
☐ ラザニア	☐ lasagna
☐ 食材	☐ ingredients
☐ におい	☐ smell
☐ デザート	☐ dessert
☐ ダイエット中	☐ on a diet
☐ 焼く	☐ bake
☐ 甘い	☐ sweet
☐ しょっぱい	☐ salty
☐ 多すぎる〜	☐ too much 〜
☐ 〜の代わりに	☐ instead of 〜
☐ セロリ	☐ celery
☐ シャキシャキしている	☐ crisp
☐ ステーキ	☐ steak
☐ 堅い	☐ tough
☐ かみごたえがある	☐ chewy
☐ 栄養がある	☐ nutritious
☐ ホウレン草	☐ spinach
☐ レタス	☐ lettuce
☐ ニンジン	☐ carrot
☐ トマト	☐ tomato
☐ 海藻	☐ seaweed
☐ 食事	☐ meal
☐ 楽しい	☐ fun
☐ 冷凍のインスタント食品	☐ TV dinner
☐ アップルパイ	☐ apple pie
☐ 冗談を言わないで	☐ You're kidding!

第5日目　料理、食事の時間

COLUMN

日・米の音の聞こえ方！

　皆さんは、アメリカの電話の音が日本と違うなと思ったことはありませんか？　アメリカ人も同じように感じているんですよ！

　"I swear 私は本当にそう思うよ the phone ring 電話の音は here ここでは sounds 鳴ります like a mosquito 蚊のように if もしも one made それが鳴らしたら sounds. 音を ／"と、「日本の電話は、蚊のような音で鳴る」と言っています。

　鳴る音と言えば、日本の「ピン・ポン」もそうです。これは、ドアの呼び鈴（doorbell）のことですが、アメリカでは、"ding dong"と言います。アメリカでは「ピン・ポン」とは言いません。また、よく聞いてみると、アメリカのドアベルの音のほうが、トーンが低いんですね。ちなみに、アメリカで、"ping pong"と言えば、「卓球」のことです。

　音と言えば、同じ音でも、日本語と英語とでは随分聞こえ方が違うようです。よく知られているのが、犬の鳴き声です。日本では「ワン、ワン」、英語では"bow-wow"や"woof woof"です。同じ犬が、「アメリカ生まれだと英語で鳴き、日本生まれだと日本語で鳴く」はずはありませんね。私達人間の聞こえ方と、その表現の仕方が違うんですね。

　音に関して、英語と日本語で気をつけなくてはいけないのは、英語には日本語ほど「擬声語」がないことです。その代わり、日本語の場合の動物の「鳴く」に対応する動詞が豊富にあるということです。たとえば、犬が鳴く場合は"bark"です。

　そのほかの代表的な擬声語を紹介しましょう。日本では、猫は「ニャン」ですが、英語では"mew（米）／meow（英）"です。鶏の「コケコッコー」は、英語では、"cock-a-doodle-doo"です。豚の「ブー、ブー」は"oink, oink"、牛の「モー」は"moo（ムー）"です。ぜひ、覚えておいてくださいね。

第6日目

健康①
（健康管理、定期健診）

　今回の第6日目と次の第7日目は健康編です。ロバートと彼の同僚は、健康診断を機に日頃の健康管理について、いろいろな話をします。また、ロバートの職場で流行っている風邪を題材に、風邪の症状や風邪薬の呼び方、簡単な病気の表現、薬局でのやりとりなど、さまざまな会話をします。

　ここでは、彼らの会話を通して、健康・病気についてのボキャブラリーと表現を「笠原メソッド」で高速INPUTしていきましょう。

Story Listening

5 ステップ・リスニング

　このUnit（第6日目）で学習する基本から上級までのすべての重要ボキャブラリー＆重要構文を、「笠原メソッド」の高速リスニングメソッドである5ステップ・リスニングを使い、実用的な楽しいストーリーでマスターしていきます。ここでマスターした重要事項は、瞬時に思い出せる記憶になり、とっさの英会話やリスニングにも使える形で身につけることができます。

　それでは、耳の瞬発力をどんどん磨いていきましょう！　Let's get started!

健康管理●Health care

SKIT 1

先日の健康診断は受けた？
Did you have a physical check-up the other day?

CD3 22

| Linda | Did you have あなたは持ちましたか？ a physical check-up 健康診断を the other day? 先日の ／ |

| Robert | Yes, I did. はい、受けました ／ How about you? あなたはどうした？ |

| Linda | Yes, me too. 私もよ ／ What 何を did the doctor say? あなたのお医者さんは言いましたか？ ／ |

Robert　He was very concerned 彼は大変心配していました about my weight and blood pressure. 私の体重と血圧を／He said 彼は言いました I should go on a diet 私はダイエットするべきだと to lose 減らすために weight 体重を and そして change 変えるべきだと my diet 私の食事を to lower 下げるために my blood pressure. 私の血圧を／He suggested 彼は提案しました that 次のことを I stop 私がやめるべきだと eating 食べることを salty and fatty foods. 塩分が多くて脂っこい食べ物を／He also suggested 彼はまた提案しました that 次のことを I lose 私は減らすべきだと 15 pounds. 15ポンド／What about you? あなたはどう？／

Linda　I also had 私もまた持ちました a physical examination. 健康診断を／I had 私はさせました my lungs and abdomen 私の肺と腹部を X-rayed. レントゲンで撮られることを／The barium made そのバリウムがしました me 私に feel 感じさせました really sick. 本当に気持ち悪く／He was concerned 彼は心配していました about my lungs. 私の肺を／He said 彼は言いました that 次のことを I should quit 私がやめるべきであると smoking 喫煙を immediately. 直ちに／

Robert　Speaking of being healthy, 健康と言えば do you do あなたはしますか？ anything 何かを special 特別に to keep 保つために yourself あなた自身を fit? 健康に／

Linda　I like 私は好きです to work out 運動することが at the gym. スポーツクラブで／What about you? あなたはどう？／

次ページにつづく

Robert　I just go 私はただ行きます jogging ジョギングに when ときに I have 私が持っている time. 時間を ／

Linda　I also take 私はまた取っています yoga classes ヨガのクラスを to relax リラックスするために and そして relieve 解消するために stress. ストレスを ／

症状・Symptoms

SKIT 2　　CD3 23
顔色が悪いよ
You look pale.

Peter　You know, あのね you don't look あなたは見えません very well. そんなによくは ／ You look あなたは見えるよ pale, 青ざめて Susan. スーザン ／ Are you feeling okay? あなたは大丈夫かい？ ／

Susan　No, いいえ not really. 本当によくないわ ／

Peter　What's 何ですか？ the matter? その問題は (→どうしたんだい？) ／

Susan　I have 私は持っています a headache, backache and toothache. 頭痛、腰痛そして歯痛を ／

180

Peter　　I'm sorry お気の毒です to hear 聞いて that. それを ／ Maybe たぶん you should see あなたは会うべきだね the doctor. 医者に ／

Robert　　I'm gonna go 私は行きます out 外へ now. 今 ／ I'll buy 私は買いましょう some aspirin アスピリン（鎮痛・解熱剤）を for you. あなたのために ／

Susan　　Thanks ありがとう a lot. たくさん ／

Linda　　I have 私は持っています a sore throat. のどの痛みを ／ I'm suffering 私は苦しんでいます from a bad cold. 悪い風邪に ／ Could you buy 買ってきてもらえない？ some cold medicine and throat lozenges 風邪薬とのど飴を for me, 私に Bob? ボブ ／

Robert　　Sure! わかったよ ／ Take care. お大事に ／ I'll be back 私は戻ります soon. すぐに ／

TIPS　"gonna = going to" です。会話のときは省略され、このように表現されることがしばしばあります。

第６日目　健康①（健康管理、定期健診）● 181

薬局で ● At a pharmacy

SKIT 3
お勧めの薬は？
Can you recommend any good medicine?

Robert　Excuse me. すみません ／ Can you help 手伝ってもらえますか？ me? 私を ／ I have 私は持っています a stomachache. 腹痛を ／ Can you recommend 勧めますか？ any good medicine? いくらかのいい薬を ／

Pharmacist（薬剤師）　I know 私は知っています a good stomach medicine. いい胃薬を ／ It's called それは呼ばれています "Tummy Number 1". 「タミーナンバー１」と ／

Robert　OK. わかりました ／ I'll take 私は買います it. それを ／ And, そして my colleague, 私の同僚の Susan, has スーザンは持っています a headache, backache and toothache. 頭痛、腰痛そして歯痛を ／ What 何を do you recommend? あなたは勧めますか？ ／

Pharmacist　I recommend 私は推薦します "Mac's Aspirin" 「マックズ・アスピリン（マックズ鎮痛・解熱剤）」を for her headache, 彼女の頭痛に and そして I think 私は思います she needs 彼女は必要だと some painkillers. 痛み止めが ／ So それで I also recommend 私はまた勧めます "Jacqui's Pain Pills". 「ジャッキーズ・ペインピルズ（ジャッキーズ鎮痛剤）」を ／

Robert	Another one of my co-workers, Linda, has 私のもうひとりの同僚のリンダは持っています a sore throat and a bad cough. のどの痛みと悪いせきを ／ I think 私は思います she's got 彼女は持っていると a bad cold. 悪い風邪を ／
Pharmacist	I recommend 私は勧めます "Lucky Cold Medicine", "Yummy Cough Syrup" and "Mike's Throat Lozenges". 「ラッキー・コールドメディシン（ラッキー風邪薬）」、「ヤミー・コフシロップ（おいしいせき止めシロップ）」そして「マイクズ・スロートローゼンジーズ（マイクののど飴）」を ／
Robert	Thanks ありがとうございます for your advice! あなたのアドヴァイスに ／ Where どこに are they? それらはありますか？ ／
Pharmacist	The stomach medicine is その胃薬はあります over 向こうに there そこの in Aisle 3 3番列に on the left. 左の ／ The aspirin and painkillers are アスピリンと痛み止めはあります in Aisle 4 4番列に on the right. 右の ／ The cold medicine and lozenges are 風邪薬とのど飴はあります in Aisle 5 5番列に on the right. 右の ／

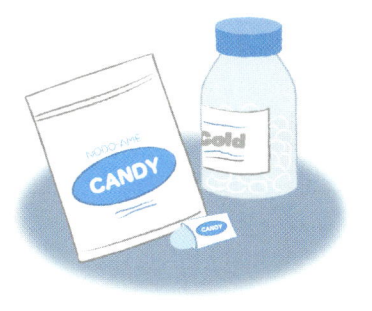

快復・Get well

SKIT 4
早くよくなりますように
I hope you get better soon.

Robert Susan, スーザン according to the pharmacist, 薬剤師さんによると "Mac's Aspirin" works 「マックズ・アスピリン」は効きます well. よく ／ It gets rid of それは取り除きます headaches 頭痛を quickly. 素早く ／

Susan Thanks. ありがとう ／

Robert No problem. どういたしまして ／ I hope 私は望んでいますよ you get better あなたがさらによくなることを soon. すぐに ／

Vocabulary & Structure Building

重要ボキャブラリー＆重要構文

　ここでは、第6日目のUNITで学習する基本から上級までのすべての重要ボキャブラリー＆重要構文をチェックしていきます。
　マスターしたら、各項目の□マークに✓を入れていきましょう！

健康管理 ● Health care

SKIT 1

☐ **A** 健康診断： **physical check-up ／ medical check-up ／ physical examination ／ physical**

Did you have あなたは持ちましたか？ a physical check-up 健康診断を the other day? 先日の ／

TIPS 口語では、「健康診断」は、"physical examination" を短くして、ただ単に "physical" ということが多いです。

☐ **B** 心配している： **be concerned about**

☐ **C** 体重： **weight**

☐ **D** 血圧： **blood pressure**

He was very concerned 彼は大変心配していました about my weight and blood pressure. 私の体重と血圧を ／

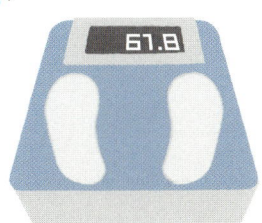

第6日目　健康①（健康管理、定期健診）● 185

- [ ] **E** ダイエットをする、食事制限をする： **go on a diet**
- [ ] **F** 体重を減らす： **lose weight**
- [ ] **G** 食生活を変える： **change one's diet**

  He said 彼は言いました I should go on a diet 私はダイエットするべきだと to lose 減らすために weight 体重を and そして change 変えるべきだと my diet 私の食事を to lower 下げるために my blood pressure. 私の血圧を ／

  > **TIPS** "diet" という単語、ただの "diet" だと食べもののことです。たとえば "What's your diet?（あなたの食事は何ですか？）" は、やせるための食事とかそういうものとは関係ありません。"diet = food you eat"、すなわち、あなたがふだん食べている食べ物のことです。ところが、医者（doctor）が "You should go on a diet." と言った場合、「あなたは食事制限（ダイエット）をしたほうがいいですよ」という意味になります。

- [ ] **H** 食べるのをやめる： **stop eating**
- [ ] **I** 塩分が多くて脂っこい食べ物： **salty and fatty foods**

  He suggested 彼は提案しました that 次のことを I stop 私がやめるべきだと eating 食べることを salty and fatty foods. 塩分が多くて脂っこい食べ物を ／

- [ ] **J** 肺： **lung(s)**
- [ ] **K** 腹部： **abdomen**
- [ ] **L** レントゲン、レントゲン写真を撮る： **X-ray**

  I had 私はさせました my lungs and abdomen 私の肺と腹部を X-rayed. レントゲンで撮られることを ／

- [ ] **M** バリウム： **barium**

  The barium made そのバリウムがしました me 私に feel 感じさせました really sick. 本当に気持ち悪く ／

- N タバコをやめる： quit smoking
- O 直ちに： immediately

  He suggested 彼は提案しました that 次のことを I quit 私がやめるべきであると smoking 喫煙を immediately. 直ちに ／

- P ～と言えば： speaking of ～
- Q あなた自身を健康に保つために： to keep yourself fit

  Speaking of being healthy, 健康と言えば do you do あなたはしますか？ anything 何かを special 特別に to keep 保つために yourself あなた自身を fit? 健康に ／

- R 運動をする： do exercise ／ work out ／ do some exercises ／ exercise
- S スポーツクラブ： gym

  I like 私は好きです to work out 運動することが at the gym. スポーツクラブで ／

- T ジョギングに行く： go jogging

  I just go 私はただ行きます jogging ジョギングに when ときに I have 私が持っている time. 時間を ／

- U ヨガのクラスを取る： take yoga classes
- V リラックスする: relax
- W ストレスを解消する: relieve stress ／ get rid of stress

  I also take 私はまた取っています yoga classes ヨガのクラスを to relax リラックスするために and そして relieve 解消するために stress. ストレスを ／

第6日目　健康①（健康管理、定期健診）

症状・Symptoms

SKIT 2

☐ **A 青ざめて：pale**

You know, あのね you don't look あなたは見えません very well. そんなによくは ／ You look あなたは見えるよ pale, 青ざめて Susan. スーザン ／ Are you feeling okay? あなたは大丈夫かい？ ／

☐ **B どうしたの？：What's the matter?／Is something wrong?／Is anything wrong?**

What's 何ですか？ the matter? その問題は（→どうしたんだい？）／

> **TIPS** 学校英語では、"What's wrong with you?" も "What's the matter with you?" と同じような意味であるとされていますが、実際のニュアンスはまったく違います。"What's wrong with you?" と言うと、相手を叱っているか、相手の態度が悪いと文句を言っているように聞こえますので、要注意。
> A：What's wrong with you? どうしたっていうんだい？ ／
> B：Nothing. 別に ／
> A：You look angry. 怒っているように見えるよ ／

☐ **C 頭痛がする：have a headache**

☐ **D 腰痛がする：have a backache**

☐ **E 歯痛がする：have a toothache**

I have 私は持っています a headache, backache, and toothache. 頭痛、腰痛そして歯痛を ／

☐ **F お気の毒です：I'm sorry 〜**

I'm sorry お気の毒です to hear 聞いて that. それを ／

> **TIPS** この場合の "sorry" は、「ごめんなさい」ではなく、「お気の毒です」という意味になります。

☐ G 鎮痛・解熱剤： aspirin
I'll buy 私は買いましょう some aspirin アスピリン（鎮痛・解熱剤）を for you. あなたのために ／

☐ H のどが痛い： have a sore throat
I have 私は持っています a sore throat. のどの痛みを ／

☐ I 苦しんでいる： suffer from
I'm suffering 私は苦しんでいます from a bad cold. 悪い風邪に ／

☐ J 風邪薬： cold medicine
☐ K のど飴： throat lozenges ／ cough drops
You should buy あなたは買うべきです some cold medicine and throat lozenges. 風邪薬とのど飴を ／

☐ L お大事に： Take care.
☐ M すぐに戻ります：I'll be back soon. ／ I'll be right back.
Take care. お大事に ／ I'll be back 私は戻ります soon. すぐに ／

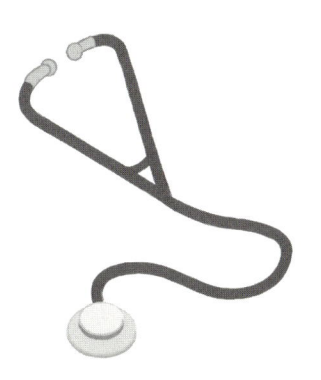

薬局で・At a pharmacy

SKIT 3

☐ **A** おなかが痛い：have a stomachache
☐ **B** 勧める：recommend

I have 私は持っています a stomachache. 腹痛を ／ Can you recommend 勧めますか？ any good medicine? いくらかのいい薬を ／

☐ **C** 胃薬：stomach medicine

There's そこにはあります a good stomach medicine. いい胃薬が ／

☐ **D** それを買う：take it

I'll take 私は買います it. それを ／

☐ **E** 同僚：colleague ／ co-worker

My colleague, 私の同僚の Susan, has スーザンは持っています a headache, backache and toothache. 頭痛、腰痛そして歯痛を ／

☐ **F** 痛み止め：painkillers

She needs 彼女は必要だと some painkillers. いくらかの痛み止めが ／

☐ **G** ひどいせき：bad cough
☐ **H** 悪い風邪：bad cold

My co-worker, Linda, has 私の同僚のリンダは持っています a sore throat and a bad cough. のどの痛みと悪いせきを ／ I think 私は思います she's got 彼女は持っていると a bad cold. 悪い風邪を ／

I せき止めシロップ： cough syrup

You should take あなたは飲むべきだよ some cough syrup. いくらかのせき止めシロップを ／ You've been coughing あなたはずっとせきをしていますよ a lot たくさん today. 今日は ／

「(薬を) 飲む」は、"drink" ではなく、"take" を使います。

J 3番目の列の左側に： in Aisle 3 on the left
K 4番目の列の右側に： in Aisle 4 on the right

The stomach medicine is その胃薬はあります over 向こうに there そこの in Aisle 3 3番列に on the left. 左の／ The aspirin and painkillers are アスピリンと痛み止めはあります in Aisle 4 4番列に on the right. 右の ／

快復 • Get well

SKIT 4

A よく効く： work well
B 取り除く： get rid of

According to the pharmacist, 薬剤師さんによると "Mac's Aspirin" works 「マックズ・アスピリン」は効きます well. よく ／ It gets rid of それは取り除きます headaches 頭痛を quickly. 素早く ／

Speaking Lesson

4ステップ・スピーキング

★「→」の後に、その部分の英語を言ってみましょう（右ページに答えあり）

健康管理 • Health care

CD3 26

A あなたは、先日の健康診断を受けましたか？

あなたは持ちましたか？ →
健康診断を →
先日の →

CD3 27

B 彼は、私の体重と血圧を大変心配していました。

彼は大変心配していました →
私の体重と血圧を →

CD3 28

C 体重を減らすためにダイエットをして、血圧を下げるために、食事を変えるべきであると、彼は私に言いました。

彼は言いました →
私はダイエットするべきだと →
減らすために →
体重を →
そして →
変えるべきだと →
私の食事を →
下げるために →
私の血圧を →

「5ステップ・リスニング」でマスターし、「重要ボキャブラリー＆重要構文」でチェックした項目をとっさに英語を話す（Speaking）ときでも使えるように「4ステップ・スピーキング」で、高速学習しましょう。

今までマスターした重要事項は、この4ステップ・スピーキングを経て、とっさの英会話でも使える形で身につけることができます。

A Did you have a physical check-up the other day?

あなたは持ちましたか？ → Did you have
健康診断を → a physical check-up
先日の → the other day?／

B He was very concerned about my weight and blood pressure.

彼は大変心配していました → He was very concerned
私の体重と血圧を → about my weight and blood pressure.／

C He said I should go on a diet to lose weight and change my diet to lower my blood pressure.

彼は言いました → He said
私はダイエットするべきだと → I should go on a diet
減らすために → to lose
体重を → weight
そして → and
変えるべきだと → change
私の食事を → my diet
下げるために → to lower
私の血圧を → my blood pressure.／

D 彼は、私は塩分が多くて脂っこい食べ物を食べるのをやめるべきだと提案しました。 CD3 29

彼は提案しました → 🔊
次のことを → 🔊
私がやめるべきだと → 🔊
食べることを → 🔊
塩分が多くて脂っこい食べ物を → 🔊

E 私は、腹部と胸部のレントゲン検査を受けました。 CD3 30

私はさせました → 🔊
私の肺と腹部を → 🔊
レントゲンで撮られることを → 🔊

F バリウムのおかげで本当に気持ち悪くなりましたよ。 CD3 31

そのバリウムがしました → 🔊
私に → 🔊
感じさせました → 🔊
本当に気持ち悪く → 🔊

G 彼は、私が直ちにタバコをやめるべきであると提案しました。 CD3 32

彼は提案しました → 🔊
次のことを → 🔊
私がやめるべきであると → 🔊
喫煙を → 🔊
直ちに → 🔊

D He suggested that I stop eating salty and fatty foods.

彼は提案しました → **He suggested**
次のことを → **that**
私がやめるべきだと → **I stop**
食べることを → **eating**
塩分が多くて脂っこい食べ物を → **salty and fatty foods.**／

E I had my lungs and abdomen X-rayed.

私はさせました → **I had**
私の肺と腹部を → **my lungs and abdomen**
レントゲンで撮られることを → **X-rayed.**／

F The barium made me feel really sick.

そのバリウムがしました → **The barium made**
私に → **me**
感じさせました → **feel**
本当に気持ち悪く → **really sick.**／

G He suggested that I quit smoking immediately.

彼は提案しました → **He suggested**
次のことを → **that**
私がやめるべきであると → **I quit**
喫煙を → **smoking**
直ちに → **immediately.**／

H 健康と言えば、あなたは健康を保つために特別に何かしていますか？ 🔊 **CD3 33**

健康と言えば → 🔊
あなたはしますか？ → 🔊
何かを → 🔊
特別に → 🔊
保つために → 🔊
あなた自身を → 🔊
健康に → 🔊

I 私は運動をするためにスポーツクラブに行きます。 🔊 **CD3 34**

私は行きます → 🔊
スポーツクラブに → 🔊
するために → 🔊
運動を → 🔊

症状・Symptoms **CD3 35**

A のどが痛いです。

私は持っています → 🔊
のどの痛みを → 🔊

H Speaking of being healthy, do you do anything special to keep yourself fit?

健康と言えば → **Speaking of being healthy,**
あなたはしますか？ → **do you do**
何かを → **anything**
特別に → **special**
保つために → **to keep**
あなた自身を → **yourself**
健康に → **fit?** ／

I I go to the gym to do some exercises.

私は行きます → **I go**
スポーツクラブに → **to the gym**
するために → **to do**
運動を → **some exercises.** ／

A I have a sore throat.

私は持っています → **I have**
のどの痛みを → **a sore throat.** ／

快復 ● Get well

A 薬剤師さんによると、「マックズ・アスピリン」はよく効くそうです。すぐに頭痛がなくなります。

薬剤師さんによると →
「マックズ・アスピリン」は効きます →
よく →
それは素早く取り除きます →
頭痛を →

A According to the pharmacist, "Mac's Aspirin" works well. It quickly gets rid of headaches.

薬剤師さんによると → **According to the pharmacist,**

「マックズ・アスピリン」は効きます → **"Mac's Aspirin" works**

よく → **well.**／

それは素早く取り除きます → **It quickly gets rid of**

頭痛を → **headaches.**／

Check this out!

身につければ日常会話は完ぺき！
ボキャブラリー&構文⑥

ページの左側に日本語を、右側に英語を載せていますので、どちらかを隠して覚えているか確認していきましょう。
わからなかったものには、左側の□マークにチェック（✓）を入れます。これをわからないボキャブラリーや構文がなくなるまで行いましょう。

☐	健康診断	☐ physical check-up ／ medical check-up ／ physical examination ／ physical
☐	心配している	☐ be concerned about
☐	体重	☐ weight
☐	血圧	☐ blood pressure
☐	ダイエットをする、食事制限をする	☐ go on a diet
☐	体重を減らす	☐ lose weight
☐	食生活を変える	☐ change one's diet
☐	食べるのをやめる	☐ stop eating
☐	塩分が多くて脂っこい食べ物	☐ salty and fatty foods
☐	肺	☐ lung(s)
☐	腹部	☐ abdomen
☐	レントゲン、レントゲン写真を撮る	☐ X-ray
☐	バリウム	☐ barium
☐	タバコをやめる	☐ quit smoking
☐	直ちに	☐ immediately
☐	～と言えば	☐ speaking of ～
☐	あなた自身を健康に保つために	☐ to keep yourself fit
☐	運動をする	☐ do exercise ／ work out ／ do some exercises ／ exercise
☐	スポーツクラブ	☐ gym
☐	ジョギングに行く	☐ go jogging
☐	ヨガのクラスを取る	☐ take yoga classes
☐	リラックスする	☐ relax
☐	ストレスを解消する	☐ relieve stress ／ get rid of stress
☐	青ざめて	☐ pale

☐	どうしたの？	☐	What's the matter?／Is something wrong?／Is anything wrong?
☐	頭痛がする	☐	have a headache
☐	腰痛がする	☐	have a backache
☐	歯痛がする	☐	have a toothache
☐	お気の毒です	☐	I'm sorry ～
☐	鎮痛・解熱剤	☐	aspirin
☐	のどが痛い	☐	have a sore throat
☐	苦しんでいる	☐	suffer from
☐	風邪薬	☐	cold medicine
☐	のど飴	☐	throat lozenges ／ cough drops
☐	お大事に	☐	Take care.
☐	すぐに戻ります	☐	I'll be back soon.／I'll be right back.
☐	おなかが痛い	☐	have a stomachache
☐	勧める	☐	recommend
☐	胃薬	☐	stomach medicine
☐	それを買う	☐	take it
☐	同僚	☐	colleague ／ co-worker
☐	痛み止め	☐	painkillers
☐	ひどいせき	☐	bad cough
☐	悪い風邪	☐	bad cold
☐	せき止めシロップ	☐	cough syrup
☐	3番目の列の左側に	☐	in Aisle 3 on the left
☐	4番目の列の右側に	☐	in Aisle 4 on the right
☐	よく効く	☐	work well
☐	取り除く	☐	get rid of

COLUMN

日本語ではOK、でも、英語では✗

　拙著でも、和製のまま使うと危ない単語や表現をあげています。ここでは、和製英語ではないけれど、日本語と発音が似ているため、知っておかないと危ない単語を取り上げましょう。

◇ **bimbo**

　この単語、音からすると「ビンボー」で、日本語の「貧乏」に聞こえますが、英語で、"bimbo"と言うと「アタマの中が、空っぽ」という意味です。"air-head"とも言われます。ビンボー、日本語では、「財布の中が空っぽ」、英語では、「アタマの中が空っぽ」ですね。

◇ **kinky**

　日本語で、「キンキ」というと、別段悪い響きではないと思いますが、英語では、「変態」という意味になるので、要注意です。

◇ **wacko**

　マイケルジャクソンは、その変人ぶりから、"Wacko Jacko"と呼ばれているのを皆さんは御存知ですか？ "wacko"は、「ワコー」と発音します。英語で、"He／She is a wacko."と言うと「彼／彼女は、変人です」という意味です。どちらかと言うと次に出てくる「サイコ（psycho）」と同様の意味で、相手を怒らせる（offensiveな）言葉です。ちなみに、形容詞形は、"wacky"ですが、これは、ただ、「バカな」くらいで、あまり悪い意味には使われないようです。

◇ **psycho**

　「サイコ」は、言わずと知れたヒッチコック監督の映画のタイトルでもありますが、会話では、俗語として「気の狂った」というニュアンスで使われます。

◇ **dodgy**

　日本語で、「ドジ」と言うと「うっかりな」とか、「不器用な」という意味がありますが、英語の"dodgy"は、「怪しい」という意味です。もし、"He is dodgy."と言ったら、「彼は怪しい」と疑っていることになります。

第7日目

健康②（医者へ行く）

　前回の第6日目で、病気の症状や薬局での会話を学習しました。そして今回（第7日目）は、お医者さんに行くときの会話を学習していきます。お医者さんの予約、問診、治療といった会話から、重要なボキャブラリーや表現を学習していきましょう。

　日本の場合、お医者さんには予約を取らずに直接行くことが多いのですが、アメリカでは予約を取って行くことが多いので、今回はアメリカに合わせています。

　まずは、5ステップ・リスニングで重要項目をマスターしていきましょう。

Story Listening

5 ステップ・リスニング

　このUnit（第7日目）で学習する基本から上級までのすべての重要ボキャブラリー＆重要構文を、「笠原メソッド」の高速リスニングメソッドである5ステップ・リスニングを使い、実用的な楽しいストーリーでマスターしていきます。ここでマスターした重要事項は、瞬時に思い出せる記憶になり、とっさの英会話やリスニングにも使える形で身につけることができます。

　それでは、耳の瞬発力をどんどん磨いていきましょう！　Let's get started!

予約●Appointment

SKIT 1

CD3 37

予約しますか？
Would you like to make an appointment?

Doctor's Secretary (D.S.)	Charles' Doctor's Office. チャールズ・ドクターズ・オフィス／How どのように may I help お手伝いしましょうか？ you? あなたを／
Robert	Hello. もしもし／This is Robert Jones. こちらはロバート ジョーンズです／I'm not feeling 私は感じていません very well. そんなによくは／
D.S.	What 何が seems to be the problem? 問題のようですか？／
Robert	My ears are ringing 私の耳が鳴っています and そして I have 私は持っています a headache. 頭痛を／I'm feeling 私は感じています dizzy, too. めまいも／

D.S.　I see. わかりました ／ Would you like あなたはお望みですか？ to make an appointment? 予約することを ／

Robert　Yes, はい I would. 望みます ／

D.S.　Would you like あなたはお望みですか？ to come in 来ることを tomorrow morning 明日の朝 at 10 o'clock? 10時に ／

Robert　Yes, はい that's fine. いいです ／ Thank you ありがとうございます so much. たくさん ／

問診 ● Medical examination by interview

SKIT 2
熱はありますか？
Do you have a high fever?

D.S. 　May I ask 伺ってもよろしいですか？ you あなたに some questions? いくらかの質問を ／

Robert　Sure. はい ／

D.S. 　Do you smoke?　タバコは吸いますか？ ／

Robert　No, I don't. いいえ、吸いません ／

次ページにつづく

D.S.	Are you allergic あなたはアレルギーがありますか？ to penicillin? ペニシリンに ／
Robert	No, いいえ I'm not. 私にはありません ／
D.S.	Are you allergic あなたはアレルギーがありますか？ to anything else? ほかに何か ／
Robert	No. いいえ I don't have 私は持っていません any allergies. どんなアレルギーも ／
D.S.	Do you drink あなたは飲みますか？ alcohol? アルコールを ／
Robert	Yes, はい but でも just a little. ほんの少しです ／
D.S.	Are you currently taking あなたは現在受けていますか？ any medication? 何か薬物療法を ／
Robert	No, いいえ not at all. 全然 ／
D.S.	Do you have あなたは持っていますか？ a high fever? 高熱を ／
Robert	Yes, I do. はい、持っています ／ It was 38.5 degrees 体温は、38度5分でした when ときに I took 私が取った my temperature. 私の体温を ／

治療 • Treatment

SKIT 3
注射をしなくてはなりません
I have to give you an injection.

[CD3 39]

Doctor　Hello. こんにちは ／ Please お願いします sit down. 座ってください ／
This says これが言います（→問診票を見ますと）you have あなたは持っていると a high fever. 高熱を ／ Are you feeling あなたは感じていますか？ hot or cold? 暑いと、それとも寒いと ／

Robert　I'm feeling 私は感じています cold. 寒いと ／ Also, それと I keep sneezing 私はずっとくしゃみをしています and そして my eyes are itchy. 目がかゆいです ／

次ページにつづく

Doctor　Sit on 腰かけてください the bed, そのベッドに please. お願いします ／ Could you take your shirt off? シャツを脱いでもらえませんか？ ／
Now, さて hold 止めてください your breath. あなたの息を ／ Could you say 言ってください "a-a-h"? 「あー」と ／ And そして look at 見てください this. これを ／

Robert　A-a-h. あー ／

Doctor　Now, それでは lie 横になってください on your back. あおむけに ／
You have あなたは持っています the flu. インフルエンザを ／ I think 私は思います you may have caught あなたがかかったかもしれないと it それに last week. 先週 ／ I have to give 私はあげなくてはいけません you あなたに an injection, 注射を so それで could you roll up 巻きあげてくれませんか？ your sleeve? あなたのそでを ／

ケガ●Injury

SKIT 4
左足を骨折した
I broke my left leg.

Linda　Bob, ボブ you're on crutches. あなたは松葉杖をついているね ／ What happened 何が起こったの？ to you? あなたに ／

Robert　I broke 私は折った my left leg 私の左足を while skiing. スキーをしていて ／ My ligaments and tendons are torn. 私のじん帯と腱も切れたんだ ／

Linda　I'm sorry お気の毒に to hear that. それを聞いて ／ Does it hurt それは痛みますか？ very badly? とてもひどく ／

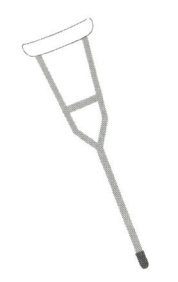

COLUMN

マスク

　日本人は、風邪でもよく病院に行きますが、アメリカでは病院には行きません。もし、風邪を引いたアメリカ人に、"You should go to the hospital.（病院に行ったほうがいいよ）"と言うと"Why?（なんで？⇒僕、なんか悪い病気にかかった？）"と聞かれることになります。

　アメリカでは、風邪ぐらいなら、休んで治すか、医院（clinic）に行きます。病院に行くのは、骨を折ったとか、大きな病気をしたときです。このように、アメリカでは、病院と医院を使い分けているので注意しましょう。

　日本では、風邪を引いたりするとマスクをします。アメリカではそういう習慣はありません。アメリカではマスクをしていると「伝染病にかかっている」「銀行強盗かなにか」「顔に傷がある」などと、さまざまな憶測が駆け巡ることになります。日本では、他人への思いやりの意味もあるマスク。でもアメリカでは、人騒がせなだけですので要注意です。

Vocabulary & Structure Building

重要ボキャブラリー＆重要構文

　ここでは、第7日目のUNITで学習する基本から上級までのすべての重要ボキャブラリー＆重要構文をチェックしていきます。
　マスターしたら、各項目の□マークに✓を入れていきましょう！

予約・Appointment

SKIT 1

☐ **A 具合がよくありません：be not feeling very well／not feel well**

I'm not feeling 私は感じていません very well. そんなによくは ／

☐ **B 何が問題のようですか？：What seems to be the problem?**

What 何が seems to be the problem? 問題のようですか？ ／

TIPS 診断を下すのはお医者さんですから、電話を受けている秘書の人も私達も、"seem" を使って、「〜のようなんだけど」というのが一般的です。

☐ **C 耳鳴りがしています：ears are ringing**

☐ **D めまいを感じています：be feeling dizzy／feel dizzy／be dizzy**

My ears are ringing, 私の耳が鳴っています and そして I have 私は持っています a headache. 頭痛を ／ I'm feeling 私は感じています dizzy, too. めまいも ／

そのほかにも症状を言う表現「首が張っている（My neck is stiff.）」「肩がこっている（My shoulders are stiff.）」なども覚えておくと有効です。

☐ **E 予約をする：make an appointment**
Would you like あなたはお望みですか？ to make an appointment? 予約することを／

問診 ● Medical examination by interview

SKIT 2

☐ **A 伺ってもよろしいですか？：May I ask 〜?**
May I ask 伺ってもよろしいですか？ you あなたに some questions? いくらかの質問を／

☐ **B 〜にアレルギーがある：be allergic to 〜**
☐ **C ペニシリン：penicillin**
Are you allergic あなたはアレルギーがありますか？ to penicillin? ペニシリンに／
Are you allergic あなたはアレルギーがありますか？ to anything else? ほかに何か／

☐ **D アレルギーはありません：don't have any allergies**
I don't have 私は持っていません any allergies. どんなアレルギーも／

☐ **E 薬物治療を受けている**（＝ほかのお医者さんから治療を受けたり、お薬をもらったりしていませんか？）**：take medication**
Are you currently taking あなたは現在受けていますか？ any medication? 何か薬物療法を／

☐ **F 熱がある：have a fever**
Do you have あなたは持っていますか？ a high fever? 高熱を／

☐ G 体温を測る： take one's temperature

I took 私は測った my temperature. 私の体温を ／
I'd like to take 私は測りたい your temperature. あなたの体温を ／

☐ H 〜の履歴： a history of 〜

Is there そこにはありますか？ a history 履歴が of heart disease 心臓疾患の in your family? あなたの家族に ／

治療 • Treatment

SKIT 3

☐ A 感じている： be feeling

Are you feeling あなたは感じていますか？ hot or cold? 暑いと、それとも寒いと ／

☐ B くしゃみをする： sneeze
☐ C かゆい： itchy

I keep sneezing 私はずっとくしゃみをしています and そして my eyes are itchy. 目がかゆいです ／

☐ D （〜に）腰かける、（〜に）座る： sit on 〜／ sit down ／ take a seat

Sit on 腰かけてください the bed, そのベッドに please. お願いします ／

Please お願いします sit down. 座ってください ／
Please お願いします take 取ってください a seat. 座席を ／

☐ E 脱ぐ： take off

Could you take your shirt off? シャツを脱いでもらえませんか？ ／

☐ **F 息を止める： hold one's breath**
Hold 止めてください your breath. あなたの息を ／

☐ **G インフルエンザにかかっている： have the flu**
You have あなたは持っています the flu. インフルエンザを ／

☐ **H 注射をする： give an injection ／ give a shot**
☐ **I そでをまくる： roll up one's sleeve**
I have to give 私はあげなくてはいけません you あなたに an injection, 注射を so それで could you roll up 巻きあげてくれませんか？ your sleeve? あなたのそでを ／

ケガ●Injury

SKIT 4

☐ **A 松葉杖をついている： be on crutches**
You're on crutches. あなたは松葉杖をついているね ／

☐ **B （骨を）折る： break**
I broke 私は折った my left leg 私の左足を while skiing. スキーをしていて ／

☐ **C じん帯： ligament**
☐ **D 腱： tendon**
My ligaments and tendons are torn. 私のじん帯と腱も切れたんだ ／

☐ **E 痛む： hurt**
Does it hurt それは痛みますか？ very badly? とてもひどく ／

Speaking Lesson

4 ステップ・スピーキング

★「→」の後に、その部分の英語を言ってみましょう（右ページに答えあり）

予約・Appointment

CD3 41

A 気分がそんなによくはありません。
- 私は感じていません →
- そんなによくは →

CD3 42

B 何が問題のようですか？
- 何が →
- 問題のようですか？ →

CD3 43

C 私は耳鳴りがして、頭痛があって、めまいもしています。
- 私の耳が鳴っています →
- そして →
- 私は持っています →
- 頭痛を →
- 私は感じています →
- めまいも →

CD3 44

D あなたは予約をご希望ですか？
- あなたはお望みですか？ →
- 予約をすることを →

「5ステップ・リスニング」でマスターし、「重要ボキャブラリー＆重要構文」でチェックした項目をとっさに英語を話す（Speaking）ときでも使えるように「4ステップ・スピーキング」で、高速学習しましょう。

今までマスターした重要事項は、この4ステップ・スピーキングを経て、とっさの英会話でも使える形で身につけることができます。

A I'm not feeling very well.

私は感じていません → I'm not feeling
そんなによくは → very well.／

B What seems to be the problem?

何が → What
問題のようですか？ → seems to be the problem?／

C My ears are ringing, and I have a headache. I'm feeling dizzy, too.

私の耳が鳴っています → My ears are ringing,
そして → and
私は持っています → I have
頭痛を → a headache.／
私は感じています → I'm feeling
めまいも → dizzy, too.／

D Would you like to make an appointment?

あなたはお望みですか？ → Would you like
予約をすることを → to make an appointment?／

第7日目 健康②（医者へ行く） ● 215

問診 • Medical examination by interview

A 2、3質問してもよろしいでしょうか？　**CD3 45**
　伺ってもよろしいですか？ →
　あなたに →
　いくらかの質問を →

B あなたはペニシリンにアレルギーがありますか？　**CD3 46**
　あなたはアレルギーがありますか？ →
　ペニシリンに →

C ほかに何かアレルギーはありますか？　**CD3 47**
　あなたはアレルギーがありますか？ →
　ほかに何か →

D 私は、アレルギーはありません。　**CD3 48**
　私は持っていません →
　アレルギーを →

E あなたは現在、何か薬物療法を受けていますか？　**CD3 49**
　あなたは現在受けていますか？ →
　何か薬物療法を →

A May I ask you some questions?
伺ってもよろしいですか？ → **May I ask**
あなたに → **you**
いくらかの質問を → **some questions?**／

B Are you allergic to penicillin?
あなたはアレルギーがありますか？ → **Are you allergic**
ペニシリンに → **to penicillin?**／

C Are you allergic to anything else?
あなたはアレルギーがありますか？ → **Are you allergic**
ほかに何か → **to anything else?**／

D I don't have any allergies.
私は持っていません → **I don't have**
アレルギーを → **any allergies.**／

E Are you currently taking any medication?
あなたは現在受けていますか？ → **Are you currently taking**
何か薬物療法を → **any medication?**／

F 熱がありますか？ CD3 50
あなたは持っていますか？ →
高熱を →

G 私はあなたの体温を測りたいのですが。 CD3 51
私は測りたい →
あなたの体温を →

H 身内の方に心臓疾患の履歴がございますか？ CD3 52
そこにはありますか？ →
履歴が →
心臓疾患の →
あなたのご家族に →

治療・Treatment

CD3 53

A そのベッドに腰かけてください。
腰かけてください →
そのベッドに →
お願いします →

B 暑いと感じていますか？ それとも寒いと感じていますか？ CD3 54
あなたは感じていますか？ →
暑いと、それとも寒いと →

F Do you have a high fever?

あなたは持っていますか？ → **Do you have**
高熱を → **a high fever?**／

G I'd like to take your temperature.

私は測りたい → **I'd like to take**
あなたの体温を → **your temperature.**／

H Is there a history of heart disease in your family?

そこにはありますか？ → **Is there**
履歴が → **a history**
心臓疾患の → **of heart disease**
あなたのご家族に → **in your family?**／

A Sit on the bed, please.

腰かけてください → **Sit on**
そのベッドに → **the bed,**
お願いします → **please.**／

B Are you feeling hot or cold?

あなたは感じていますか？ → **Are you feeling**
暑いと、それとも寒いと → **hot or cold?**／

C 私はくしゃみが止まりませんし、目がかゆいです。 　CD3 55

　私はずっとくしゃみをしています →🔊
　そして →🔊
　目がかゆいです →🔊

D シャツを脱いでもらえませんか？ 　CD3 56

　シャツを脱いでもらえませんか？ →🔊

E 息を止めてください。 　CD3 57

　止めてください →🔊
　あなたの息を →🔊

F あなたはインフルエンザにかかっています。 　CD3 58

　あなたは持っています →🔊
　インフルエンザを →🔊

G 注射をしなくてはなりませんので、そでをたくしあげてくれませんか？ 　CD3 59

　私はあげなくてはいけません →🔊
　あなたに →🔊
　注射を →🔊
　それで →🔊
　巻きあげてくれませんか？ →🔊
　あなたのそでを →🔊

C I keep sneezing and my eyes are itchy.

私はずっとくしゃみをしています → **I keep sneezing**
そして → **and**
目がかゆいです → **my eyes are itchy.**／

D Could you take your shirt off?

シャツを脱いでもらえませんか？ → **Could you take your shirt off?**／

E Hold your breath.

止めてください → **Hold**
あなたの息を → **your breath.**／

F You have the flu.

あなたは持っています → **You have**
インフルエンザを → **the flu.**／

G I have to give you an injection, so could you roll up your sleeve?

私はあげなくてはいけません → **I have to give**
あなたに → **you**
注射を → **an injection,**
それで → **so**
巻きあげてくれませんか？ → **could you roll up**
あなたのそでを → **your sleeve?**／

ケガ • Injury

A あなたは松葉杖をついているね。

あなたは松葉杖をついているね →

B 私はスキーをしていて左足を折りました。

私は折った →
私の左足を →
スキーをしていて →

C 私のじん帯と腱も切れたの。

私のじん帯と腱も切れたの →

D とてもひどく痛みますか？

それは痛いですか？ →
とてもひどく →

A You're on crutches.

あなたは松葉杖をついているね → **You're on crutches.**

B I broke my left leg while skiing.

私は折った → **I broke**
私の左足を → **my left leg**
スキーをしていて → **while skiing.**

C My ligaments and tendons are torn.

私のじん帯と腱も切れたの → **My ligaments and tendons are torn.**

D Does it hurt very badly?

それは痛いですか？ → **Does it hurt**
とてもひどく → **very badly?**

Check this out!

身につければ日常会話は完ぺき！
ボキャブラリー＆構文⑦

> ページの左側に日本語を、右側に英語を載せていますので、どちらかを隠して覚えているか確認していきましょう。
> わからなかったものには、左側の□マークにチェック（✓）を入れます。これをわからないボキャブラリーや構文がなくなるまで行いましょう。

□	具合がよくありません	□	be not feeling very well／not feel well
□	何が問題のようですか？	□	What seems to be the problem?
□	耳鳴りがしています	□	ears are ringing
□	めまいを感じています	□	be feeling dizzy／feel dizzy／be dizzy
□	予約をする	□	make an appointment
□	伺ってもよろしいですか？	□	May I ask 〜?
□	〜にアレルギーがある	□	be allergic to 〜
□	ペニシリン	□	penicillin
□	アレルギーはありません	□	don't have any allergies
□	薬物治療を受けている	□	take medication
□	熱がある	□	have a fever
□	体温を測る	□	take one's temperature
□	〜の履歴	□	a history of 〜
□	感じている	□	be feeling
□	くしゃみをする	□	sneeze
□	かゆい	□	itchy
□	（〜に）腰かける、（〜に）座る	□	sit on 〜／sit down／take a seat
□	脱ぐ	□	take off
□	息を止める	□	hold one's breath
□	インフルエンザにかかっている	□	have the flu
□	注射をする	□	give an injection／give a shot
□	そでをまくる	□	roll up one's sleeve
□	松葉杖をついている	□	be on crutches
□	（骨を）折る	□	break
□	じん帯	□	ligament
□	腱	□	tendon
□	痛む	□	hurt

おわりに

　いかがでしたか？　先に申し上げたように、本書は**「高速メソッド®」を使って、日常生活に使われる実用的な英会話をマスター**する目的で書かれています。

　英語をマスターする際、実際に生活する場で、英語を実践することはとても大切なことです。私の主催する「バートランゲージスクール®」でも、担任の先生から生徒さんに毎週必ず、"What did you do last weekend?（先週末は何をしましたか？）"という質問をすることになっています。テキストを通しての学習はもちろん大切ですが、自分の日常の生活を自分の言葉で言えることはとても大切なことです。

　本書で学習することによって、日頃の自分の生活を英語で言う、または言おうとする習慣がつきます。ということは、**少なくとも1日に一度は、英語で表現しようとして、英語の思考回路で考える習慣が身についていきます。**

　ここで少し、英語を学ぶために語学留学している、留学生達の生活を思い浮かべてみてください。彼らの授業は1日中、すべて英語です。生活も英語です。まさに英語漬けの毎日ですが、そんな彼らからは、**英語を使って生活をしたことや、時にはトラブルに遭ったことが、自分にとって一番ためになった**という話がとても多いのです。まさに、"Practice makes perfect.（習うより慣れろ）"ですね。

　本書は、「笠原メソッド」を使って、日常英会話をマスターしていく本ですが、そのために、**日本での生活を通して、シチュエーションごとに、英語での会話が登場**してきます。必要なボキャブラリーなどは、その場面ごとに「高速メソッド®」を使って身につけていくようにできています。

おわりに

　それがマスターできたら、皆さんの**日常生活をそれぞれの場面ごとに想像して、英語で思い浮かべてみてください。**

　たとえば、Volume 1 では、実際、美容院や郵便局に行ったとき、料理や食事のとき、風邪を引いたときなどに、「このときはこう言うんだな」と日本での生活を、海外生活の疑似体験の場に変えてください。

　本書は、2週間の構成です。そして、皆さんは Volume 1 で第1日目～第7日目まで学びました。Volume 1 で学習したことをもう一度整理すると

≪ Volume 1 の目次 ≫

第1日目 ▶	「起床、オフィス、帰宅後」
第2日目 ▶	「電話、レストラン、買い物」
第3日目 ▶	「郵便局、美容院、家計」
第4日目 ▶	「掃除、洗濯」
第5日目 ▶	「料理、食事の時間」
第6日目 ▶	「健康①(健康管理、定期健診)」
第7日目 ▶	「健康②(医者へ行く)」

　そして、続く Volume 2 では、次のことを学習します。

≪ Volume 2 の目次 ≫

第8日目	▶	「パーティー、付き合い」
第9日目	▶	「おしゃれ、服装」
第10日目	▶	「余暇、趣味」
第11日目	▶	「街・道案内」
第12日目	▶	「天気①（冬・春・梅雨）」
第13日目	▶	「天気②（夏・秋）」
第14日目	▶	「職探し、業務、契約」

人付き合い、服装、余暇、天気、道案内など、こちらも盛りだくさんです。

言うまでもなく、この本には、**日常英会話必須のボキャブラリーなど、大切なことがたくさん詰まっています**が、それだけではなく、この本で学習すれば**日常英会話を通して、英語の語順、思考なども同時に身につけ、いつでもどこでも、自然と口から英語が出てくるようになってきます。**

ぜひ、2週間、本書（Vol.1 & Vol.2）とじっくりお付き合いいただき、皆さんの英語力が、飛躍的に向上されますことを期待しています。

バートランゲージスクール® 校長　笠原 禎一　MBA

■ 著者紹介

笠原禎一（かさはら・よしかず）MBA（経営学修士）／MA in ELT（英語教授法修士）

國學院大學文學部を卒業後、ハートフォードシャー大学大学院修士課程修了、MBAを取得。サウサンプトン大学大学院にてMA in ELTを取得。日本英語学会 会員。英語版音声ディレクター。株式会社バート、およびバートランゲージスクール®を主催。

サザン・カレッジ・オブ・ビジネス客員教授、東京工業専門学校講師、英進国際専門学校講師、ハワイ・パシフィック大学REP.、クイーンズランド工科大学REP.を歴任する。

著作は、本書のほか、『620点突破 今日からはじめるTOEIC® TEST』『英語高速メソッド®』『英語高速メソッド®日常英会話集 Vol.2』『英語高速メソッド®ビジネス英会話集』『英語高速メソッド®やり直し英会話集』『英語高速メソッド®10分間英会話トレーニング』『英語高速メソッド®今すぐ話せるフレーズ集』『英語高速メソッド®パーフェクト英会話集』（以上、新星出版社）、『英会話高速メソッド®』『TOEIC®テスト高速メソッド®リスニング』『TOEIC®テスト高速メソッド®リーディング』『英会話高速メソッド®外国人と語り合える英会話』『英単語1300高速メソッド®』『ゼロからはじめる英会話高速メソッド®』（以上、宝島社）、『基本の英会話高速メソッド®』（アスコム）、『高速メソッド®英語勉強法』（三笠書房）、『自分のことをどんどん話す英会話高速メソッド®』（中経出版）『困ったときの英会話CDシリーズ』（キングレコード）、"Mainichi Weekly"の連載記事 "TOEIC® MAGIC"（毎日新聞社）、『英語高速傳奇（中国語版）』（凱信出版事業有限公司）がある。

本書の「笠原メソッド」は、日本で特許取得（第4831792号）、韓国で特許取得（第10-1180287号）、"Method and Apparatus for Rapid Language Acquisition" としてオーストラリアで特許取得（Pat.#2003200507）されています。2009年に東京都特許助成金事業に選出されています。また、「高速メソッド®」（第5132913号）と「バートランゲージスクール®」（第4688965号）は、日本の特許庁より商標登録を取得しています。

公式ホームページ：www.bart-jp.com／

落丁・乱丁のあった場合は、送料当社負担でお取替えいたします。当社営業部宛にお送りください。
法律で認められた場合を除き、本書からの転写、転載（電子化を含む）は禁じられています。代行業者等の第三者による電子データ化及び電子書籍化は、いかなる場合も認められていません。

英語高速メソッド®　日常英会話集　Vol.1

2008年9月25日　初版発行
2015年2月15日　第32刷発行

著　者　笠　原　禎　一
発行者　富　永　靖　弘
印刷所　公和印刷株式会社
発行所　東京都台東区　株式　新星出版社
　　　　台東2丁目24　会社
　　　　〒110-0016　☎03(3831)0743

Ⓒ Yoshikazu Kasahara　　　　　　　　　Printed in Japan

ISBN978-4-405-01111-3